So genießt Südtirol

Heinrich Gasteiger
Gerhard Wieser
Helmut Bachmann

# 33 X Zucchini + Kürbis



VERLAGSANSTALT ATHESIA | BOZEN

LIEBE LESERIN, LIEBER LESER!

Wir freuen uns, dass Sie sich für ein Buch der »So genießt Südtirol«-Kochbuchreihe entschieden haben. Um in Zukunft noch besser auf Ihre Wünsche eingehen zu können, ist uns Ihre Meinung wichtig. Bitte senden Sie uns Ihre Anregungen, Ihre Kritik, Ihr Lob und auch Ihre Fragen zu unseren Büchern. Wir freuen uns auf Ihre Nachricht!

**Fax +39 0471 081079 · info@so-kocht-suedtirol.it · www.so-kocht-suedtirol.it**
**www.facebook.com/sokochtsuedtirol**

BIBLIOGRAFISCHE INFORMATION DER DEUTSCHEN NATIONALBIBLIOTHEK

Die Deutsche Nationalbibliothek verzeichnet diese Publikation in der Deutschen Nationalbibliografie; detaillierte bibliografische Daten sind im Internet abrufbar: http://dnb.d-nb.de



UMSCHLAGBILDER

Titelbild: Hokkaidokürbis, Rondinizucchini und grüne Zucchini

Rückseite: Gefüllte Zucchini mit Reis und Kürbis · Hühnerbrust mit Kürbiskernkruste

BILDNACHWEIS

Fotolia: Seite 5, 8, 9, 11, 14 (1+2), 15 (2+3), 16, 19
Ganesh G. Neumair: Titelbild
Daniela Kofler, Foto Rapid: Seite 14 (3), 15 (1)
Alle übrigen Aufnahmen stammen von Günther Pichler, Eggen, www.gpichler.com

IMPRESSUM

Mai 2014

Lektorat: Nicoletta De Rossi
Korrektorat: Kathrin Kötz
Weintext: Christine Mayr
Umschlaggestaltung: ganeshGraphics, Lana
Design & Layout: Athesia Verlag
Druck: Athesia Druck, Bozen

**ISBN 978-88-8266-993-5**

www.athesia.com
buchverlag@athesia.it

# Ein Gruß aus der Genießerküche

Vorbereiten, zubereiten, genießen! Dies sind die drei Schlagworte, die dieses neue Kochbuch treffend beschreiben.
Dieses Kochbuch ist ein Standardwerk der modernen Küche mit Zucchini und Kürbis, ein warenkundliches Kompendium mit unverzichtbarem Basiswissen zur Gestaltung einer abwechslungs- und genussreichen Ernährung mit diesen vielfältigen Gemüsesorten. Es ist für den alltäglichen Gebrauch und auch für besondere Festtage gedacht, denn selbst sogenannte einfache Gerichte, wie geröstete Zucchini oder Kürbissuppe, haben bereits anspruchsvolle Gäste begeistert: In diesem Buch erfahren Sie alles über die richtige Zubereitung von Zucchini und Kürbis.
Geschmack ist ein Sinn und Kochen hat sehr viel mit Sensibilität zu tun.
Deswegen haben wir nicht nur Rezepte, sondern auch viele Tipps, Tricks und Warenkundeinformationen untergebracht: Je mehr man über die einzelnen Produkte weiß, umso besser wird letztendlich das Ergebnis auf dem Teller! Eine wichtige Hilfe bei der Benutzung dieses Buches soll auch das Register auf den letzten Seiten sein.
Der eine liebt es, nach zuverlässigen, erprobten Rezepten zu kochen, der andere zieht es vor, die Rezepte zu variieren oder sogar mit neuen Zutaten und Techniken zu experimentieren: Was zählt ist letztendlich das Ergebnis.
Mit 33 x Zucchini + Kürbis ist es uns hoffentlich gelungen, für jeden das Passende zu bieten, zu eigenen Kreationen anzuregen und genau abgestimmte Rezepte für viele Gelegenheiten vorzuschlagen.
Wie auch immer Sie an die Sache herangehen möchten, wir wünschen Ihnen eine genussvolle Zeit beim Lesen und gutes Gelingen!

Die Autoren

Helmut Bachmann — Heinrich Gasteiger — Gerhard Wieser

H. Bachmann — H. Gasteiger — G. Wieser

# Inhalt

# Zucchinigemüse sorgt für gesunde Ernährung

Gemüse ist ein Sammelbegriff für jene Kulturpflanzen, die wegen ihres Nährwertes entweder als Beilage oder als Grundnahrungsmittel dienen. Aufgrund seiner gesundheitlichen Bedeutung sollte Gemüse Hauptbestandteil vieler Mahlzeiten sein.

Dank modernster Anbautechniken, Transport- und Kühlsysteme sowie neuer Züchtungen kann der gesundheitsbewusste Verbraucher seinen Bedarf an solchen Gemüsearten aus einem reichhaltigen heimischen Angebot über das ganze Jahr hinweg optimal decken. Aus gesundheitlichen sowie kulinarischen Gesichtspunkten sollte man möglichst frische Ware kaufen.

## Zucchini: die Geschichte eines kulinarischen Erfolges

Zucchini *(Cucurbita pepo)* ähneln äußerlich zwar den Gurken, botanisch betrachtet, sind sie jedoch die **Früchte** eines **Gemüsekürbisses.** Ihr Name basiert nicht zufälligerweise auf der Verkleinerungsform des italienischen Wortes »zucca« (Kürbis) und bedeutet – botanisch korrekt – »kleiner Kürbis«.

Noch vor 30 Jahren galten sie als Exoten, mittlerweile sind Zucchini mit ihrem hellgrünen und **leicht nussig** schmeckenden Fruchtfleisch aus dem ganzjährigen Angebot unserer Märkte und Gemüsetheken nicht mehr wegzudenken: Auch die Hobbygärtner in Südtirol züchten Zucchini

Konkurrenzlos vielseitig, ob rund oder länglich, die kleinen Kürbisgewächse machen immer eine gute Figur. [1] Gelbe und grüne runde Zucchini [2] gelber Patisson [3] Butternusskürbis [4] grüne Zucchini [5] gelbe Zucchini [6] Zucchiniblüte

mittlerweile immer häufiger in ihren Gärten oder Treibhäusern.
Das Rezept ihres Erfolges ist einfach: Zucchini lassen sich vielseitig zubereiten! Sie schmecken **roh** – in Streifen, Würfelchen oder Scheiben geschnitten in Rohkost oder Salaten –, **gegrillt, mariniert, gefüllt, geschmort, gebraten** oder aber auch in **Suppen, Saucen** und **Aufläufen.** Ausgezeichnet schmecken gefüllte und gegarte oder im Teigmantel frittierte **Zucchiniblüten**.

## Einkaufstipps

Beim Einkauf sollte man darauf achten, dass die Zucchini fest und unbeschädigt sind. Der Stiel von frischen Früchten muss fest und leuchtend grün, der Anschnitt glatt und weiß, die Frucht selbst fest und fleckenfrei sein.

- Größe ist bei Zucchini eigentlich ein negatives Qualitätskriterium, denn große Zucchini schmecken meist faserig und langweilig. Am besten schmecken kleine Exemplare, die manchmal nur so groß wie eine Banane sind.
- Obwohl es Zucchini mittlerweile fast das ganze Jahr über zu kaufen gibt, sind sie dennoch ein klassisches Sommergemüse. In der Zeit von **Ende Mai bis Oktober** kommen Zucchini auch aus heimischer Erzeugung in die Geschäfte sowie auf den Bauern- oder Biomarkt. Selbst **mitten im Winter** erhält man in nahezu jedem Supermarkt frische Zucchini.
- Wer seine Zucchini täglich frisch auf dem Markt oder beim Gemüsehändler um die Ecke kauft, braucht sich um eine langfristige Lagerung keine Gedanken zu machen. Eine mehrtägige Aufbewahrung im Kühlschrank ist jedoch durchaus möglich. Dazu sollten die Zucchini am besten in einen luftdurchlässigen Folienbeutel verpackt oder in einen geeigneten Behälter gegeben werden.

### BLÜTEN

Essbare Blüten lassen sich raffiniert zubereiten und sind zudem ein **dekorativer Blickfang** auf dem Teller, wie die großblättrigen Blüten der Zucchini.

## Zucchini zubereiten

Erntefrische Zucchini kommen ohne viel Würze aus, meist reichen Salz und Pfeffer oder eine Handvoll frische Kräuter wie Petersilie oder Basilikum.
Ob allein oder in Kombination mit anderen Gemüsen, zum Beispiel Zwiebeln, Knob-

## ZUTATEN ZUM EINLEGEN VON ZUCCHINI

[1] Salz [2] Zucker [3] Pfefferkörner [4] Ingwer [5] Wasser [6] Essig [7] Knoblauch [8] Lorbeerblätter [9] frischer Chili [10] Zucchini, geschnitten [11] Zwiebelwürfel

lauch oder Tomaten, sie entfalten beim Kochen ihr ganzes Aroma und verleihen bestimmten Gerichten eine ganz besondere geschmackliche Note.

Am besten schmeckt das Gemüse im Miniformat, wenn die **Blüte** noch an der Frucht ist. Diese hinreißende Delikatesse bietet sich zum Füllen an. Geeignet ist Frischkäse, aber auch eine Farce aus Lachs schmeckt sehr gut. Mild sollte die Füllung sein, damit sie das zarte Blütenaroma nicht überdeckt.

- Vor der eigentlichen Weiterverarbeitung werden Zucchini geputzt, gewaschen und je nach Sorte, Reifegrad und Gericht zerkleinert.
- Beim Putzen werden Erd- und Sandreste sowie Stiel- und Blütenansatz entfernt, die Schale wird dagegen mitgegessen.
- Anschließend werden Zucchini in stehendem oder unter fließendem Wasser kurz gewaschen.
- Geschnitten werden sie erst danach, damit möglichst viele Inhaltsstoffe erhalten bleiben.
- Die Garzeit hängt von der Sorte und Größe der Zucchinistücke ab. Als Faustregel gilt: Je kleiner das Gemüse, desto schneller ist es gar und desto weniger Garflüssigkeit wird benötigt.

### TIPP

Frische Zucchini sollten möglichst **rasch** und **schonend zubereitet** werden, denn mit jedem Lagerungstag, aber auch bei unsachgemäßer Zubereitung, gehen wertvolle und gesunde Nährstoffe verloren.

# ZUCCHINISORTEN

Die gurkenförmigen Zucchini kommen in **verschiedenen Grünschattierungen** vor, auch mit gelben Streifen – bis ganz gelb. In der Größe kann die Frucht zwischen 10 und 60 cm variieren, wobei die kleineren Sorten geschmacklich am besten sind. Mittelgroße, kleine und Babyzucchini mit Blüte schmecken nicht nur gut, sondern sie sind auch gesund und sehr kalorienarm, da sie je 100 g nur 20 kcal haben. Außerdem enthalten sie viele Vitamine und auch an Mineralstoffen haben Zucchini einiges zu bieten.

## Grüne Zucchini

Diese Zucchini-Sorte mit ihrer dunkelgrünen, gelb gesprenkelten Schale ist die weltweit am meisten angebaute und am häufigsten angebotene Sorte. Sie heißt auch **»Courgettes«;** in Geschmack und Konsistenz gleicht sie ihren gelben Verwandten. Kleine Zucchini sind besser als große, die oft faserig sind und wenig Geschmack haben.

## Gelbe Zucchini

Werden noch relativ selten angeboten. Auf den Geschmack hat die Farbe der Schale keine Auswirkung. Die gelben Zucchini schmecken roh nussig und in der Verwendung gleichen sie den grünen Sorten.
Wie grüne Zucchini sind sie sehr mild im Geschmack, haben ein zartes Fruchtfleisch und eine dünne gelbe Schale. Für ein farbenfrohes sommerliches Gericht können sie zusammen mit grünen Zucchini zubereitet werden. Greifen Sie beim Kauf zu festen, jungen Früchten mit glänzender Schale. Sie sollten nicht geschält werden.

## Babyzucchini mit Blüten

Nur für eine kurze Zeit im Sommer werden auf dem Markt die sogenannten Babyzucchini zusammen mit ihren orangegelben Blüten angeboten. Mit einer Füllung aus Lachs, Ricotta, Tomaten oder Kräutern gegart oder in Teig ausgebacken, gelten diese zarten aromatischen Blüten als besondere Delikatesse.
Zum Füllen eignen sich besonders die **großen weiblichen** Exemplare. Zum Ausbacken wählt man eher die **kleineren männlichen** Blüten.
Je kleiner man die Zucchini erntet, umso mehr Früchte trägt die Pflanze.

Grüne Zucchini

Gelbe Zucchini

## Runde Zucchini

Die Sorten der kleinen runden grünen und gelben Zucchini zählen auch zu den Gemüsekürbissen. Man kann sie gut halbieren und wie längliche Früchte füllen. Das Kerngehäuse muss dazu möglichst komplett entfernt werden.
Runde Zucchini sind mit den länglichen verwandt und schmecken ähnlich mild. Kleine Exemplare lassen sich im Ganzen zubereiten. Ein dünner Flaum auf der Schale lässt sich, ebenso wie Erdreste, durch Abspülen entfernen.

### TIPPS

- Die **hellen Kerne** im Fruchtfleisch kann man bedenkenlos mitessen.
- Verarbeitet man die Zucchini roh, wobei ihr leicht nussiges Aroma zur Geltung kommt, sollte man unbedingt kleine Exemplare verwenden, denn je größer, desto faseriger wird das Fruchtfleisch.
- Über 2 kg schwere und 40 cm lange Exemplare sind für die Küche weniger geeignet.

## Rondinizucchini

Rondini sind Sommerkürbisse, die unreif geerntet werden (ausgereifte Früchte sind orange bis rötlich). Die Frucht kann man nicht roh essen. Am besten kocht man sie in Salzwasser, halbiert sie anschließend, entfernt die Kerne und löffelt das mit Salz gewürzte und mit Olivenöl oder zerlassener Butter beträufelte Fruchtfleisch aus der Schale. Die Früchte sehen denen der runden Zucchini-Sorten sehr ähnlich, die Pflanze wächst jedoch nicht buschig. Rondini schmecken am besten, wenn sie die Größe eines Tennisballs erreicht haben. Sie sind auch zum Füllen gut geeignet.

## Gestreifte Zucchini

Die gestreifte Frucht ist aromatischer als die meisten Zucchinisorten. Man kann sie in Scheiben schneiden und dünsten – beim Garen zerfallen sie nicht.

Runde grüne und gelbe Zucchini

Babyzucchini
[1] weiblich
[2] männlich

Rondinizucchini

Gestreifte Zucchini

## VERSCHIEDENE SCHNITTARTEN VON ZUCCHINI

[1] Mit Bundschneidemesser geschnitten [2] dünne Scheiben [3] Scheiben [4] halbe dünne Scheiben [5] Querschnitt [6] tourniert [7] große Perlen (Kugeln) [8] Stäbchen [9] Streifen [10] Würfel [11] feinste Würfel (Brunoise) [12] halbierte eher dicke Scheiben [13] kleine Perlen (Kugeln) [14] Ecken [15] feinste Streifen (Julienne)

## Zucchini schneiden

### Zucchini mit der Maschine zerkleinern

Küchengeräte erleichtern die Zerkleinerung sehr stark. Am effektivsten und gängigsten ist der manuelle Gemüsehobel, der Gemüse perfekt aufschneidet.
Die Küchenmaschine gleicht die mangelnde Präzision durch Schnelligkeit und meist leichte Bedienung aus. Mit ihrer Vielzahl an Messern und Einsatzscheiben (zum Schneiden, Schnitzeln, Reiben und Raspeln) kann sie fast alles.

### Zucchini mit der Hand schneiden

Sorgfältig zerkleinertes Gemüse gart nicht nur gleichmäßig, es sieht außerdem hübsch aus. Voraussetzung sind jedoch scharfe Messer.

# Kürbis – köstlich und vielseitig

Mild-nussig und im leuchtenden Orange, auf diese Weise präsentiert sich der herbstliche Kürbis. Eine der ältesten Gemüsearten hält als kulinarische Wiederentdeckung Einzug in die Feinschmeckerküchen. Mit der richtigen Sorte ist es leicht, auf schmackhafte Weise gesund zu essen.
Der Kürbis ist in der Herbstküche vielseitig einsetzbar, es macht Spaß, immer wieder neue Rezepte auszuprobieren. Süß und pikant, asiatisch und mediterran, traditionell und innovativ, wer den besonderen Genuss im Herbst sucht, wird in diesem Buch fündig werden, denn Kürbisse sind abwechslungsreiche Früchte, die viele kulinarische Entdeckungsmöglichkeiten bieten. Ob als würzig-pikante Vorspeise, als cremige Suppe, Risotto- oder Nudelgericht, die Palette ist nahezu unerschöpflich. Kürbis harmoniert perfekt mit Fleisch, Geflügel und Wild und zeigt sich auch von seiner süßen Seite überaus verführerisch.

## Dicke Schale – weicher Kern

Seit etwa 8000 Jahren werden in Mittelamerika Kürbisse angebaut. Inzwischen gibt es unzählige Sorten, die vom kleinen Zierkürbis bis zum mehrere Hundert Kilogramm schweren Riesenkürbis reichen. Noch bis in die 1990er-Jahre hinein dachte man beim Stichwort »Kürbis« bloß an die Riesenfrüchte, die einst einen halben

Zutaten für Kürbis in der Folie: [1] Butternusskürbis [2] Pfeffer aus der Mühle [3] Salz [4] Thymian [5] Olivenöl [6] Alufolie

Meter Durchmesser hatten und 50 kg und noch mehr wogen. Erst später kamen handliche Sorten auf den Markt, die einen Eigengeschmack und unendlich viele Zubereitungsmöglichkeiten boten: Der Kürbis boomte. Heute hat sich das Angebot auf eine relativ überschaubare Bandbreite eingependelt. Darüber hinaus betrachtete man den Kürbis früher als ein Essen für arme Leute, heutzutage ist es kaum vorstellbar, denn der Kürbis gilt als Highlight der Herbst- und Winterküche.
Zu den beliebtesten Sorten gehören der grünschalige **Moschus**- oder **Muskatkürbis** und der leuchtend orangefarbene **Hokkaidokürbis**.
In Afrika liefert die extrem harte Schale des ungenießbaren Flaschenkürbisses (Kalebasse) noch heute den Rohstoff für Schüsseln und Gefäße, aber auch für

## VERSCHIEDENE SCHNITTARTEN DES KÜRBIS

[1] Kürbisstäbchen [2] halbe Kürbisscheiben [3] Kürbisringe [4] runde Kürbisscheiben [5] dickere Kürbisscheiben [6] Kürbis püriert [7] große Würfel [8] kleine Würfel [9] kleinste Würfel

## ZUBEREITUNG VON PÜRIERTEM KÜRBIS

Den mit Gewürzen und Kräutern in der Folie gegarten Kürbis aus dem Ofen nehmen.

In eine Schüssel geben und mit einem Stabmixer oder in einer Moulinette pürieren.

Nochmals abschmecken und mit zwei großen Löffeln zu Nocken formen.

Das Kürbispüree noch heiß zu passenden Hauptspeisen servieren.

Resonanzkörper für Musikinstrumente, Rasseln sowie für Schnitzwerke.

### Einkaufstipps

Die Kürbissorte **Hokkaido** ist von September bis Jänner erhältlich, **Stangenkürbis** von Juli bis November, und den **Muskatkürbis** findet man ganzjährig.

### Kürbisse vorbereiten

Kürbisse gibt es in allen Formen, Farben und Größen. Das Fruchtfleisch hartschaliger Winterkürbisse, wie Butternuss- oder Spaghettikürbis, wird meist gekocht oder gedämpft und anschließend püriert; man kann sie aber auch im Ofen garen.
**Stangenkürbis:** An den Enden abschneiden, mit einem Sparschäler oder Messer schälen, halbieren und mit einem Esslöffel die Kerne entfernen; in kleine Stücke bzw. in Streifen schneiden, hobeln oder groß raspeln.
**Muskatkürbis:** Je nach Größe vierteln oder in Spalten schneiden. Mit einem Esslöffel die Kerne und Fasern herausschaben. Mit einem Messer schälen und je nach Verwendungszweck in Streifen oder Würfel schneiden.
**Hokkaidokürbis**: Für Suppe und Pürees wird der Kürbis entkernt, geschält oder ungeschält gegart und anschließend durch ein Sieb passiert.
**Alternative Methode:** Kürbis teilen, im Backofen garen und dann das Fruchtfleisch herausschaben.

### TIPPS

- Kaufen Sie nur **unverletzte** und **ausgereifte** Kürbisse. Achten Sie auf eine **makellose Schale** ohne Druckstellen, denn dort wird der Kürbis weich und neigt zu Fäulnis.
- **Reife Kürbisse** klingen leicht hohl, wenn man auf die Schale klopft und haben einen verholzten (verkorkten) Stiel. Fehlt der Stiel, können **Fäulnisbakterien** in den Kürbis gelangen oder die Frucht trocknet aus.
- Bevorzugen Sie **kleinere Exemplare,** weil sie ein festeres Fruchtfleisch bzw. mehr Geschmack haben und weniger faserig sind.

## KÜRBISSORTEN

### Butternusskürbis (auch Butternut)

Er ist birnenförmig, 1–2 kg schwer und ideal für den Kleinhaushalt. Diese Sorte, die zu den Moschuskürbissen zählt, hat nur wenig Kerne und liefert daher sehr viel Fruchtfleisch. Er wird wegen des buttrig-weichen Fleisches sehr geschätzt. Dank seines feinen Butteraromas ist er besonders geeignet zum Braten, Dünsten, Dämpfen und Füllen – ideal für Suppen, Pürees, Kuchen und Fruchtaufstriche (Konfitüren). Das Fruchtfleisch schmeckt nach dem Rösten oder Dämpfen süß und nussig. Er lässt sich gut füllen und schmeckt auch roh.

### Hokkaidokürbis

Der Hokkaidokürbis ist eine der beliebtesten und schmackhaftesten Riesenkürbissorten. Die Schale ist leuchtend orange und kann mitgegart werden. Er eignet sich wegen seiner mehligen Struktur besonders gut für Suppen, Pürees und Kuchen. Dieser japanische Kürbis (Uchiki Kuri) hat ein nussig-süßes Fruchtfleisch. Für Einsteiger ist dies der Kürbis Nummer eins in der Kürbisvielfalt. Schnell und unkompliziert in der Vorbereitung. Wegen seines dezenten Kastanien-Aromas wird er auch Potimarron genannt.

### Muskatkürbis

Dieser Kürbis eignet sich wegen seines kompakten Fleisches zum Braten, zum Panieren und in Öl frittieren, für Pürees, Suppen aber auch zum Einlegen oder für Chutneys.
Einer der beliebtesten Kürbisse, meist mit orangeroter, manchmal auch dunkelgrüner Schale. Er bringt bis zu 30 kg auf die Waage und wird daher im Handel meist in Stücken angeboten. Sein saftiges Fruchtfleisch hat eine leichte Muskatnote. Am besten entfaltet er sein würziges Aroma im Backofen, in Folie gegart.

Butternusskürbis

Hokkaidokürbis

Gelber Muskatkürbis

## Patisson-Kürbis

Auch Kaiser- oder Bischofsmützen genannt, gehört dieser Kürbis zur Gruppe der Garten- oder Sommerkürbisse. Kennzeichnend sind ein weiches Fleisch und eine zarte Schale, die man auch mitessen kann. Besonders gut schmeckt er gefüllt und im Ofen gegart.
Die kleinen abgeflachten Kürbisse gibt es in gelb, grün und weiß. Sie ähneln einer fliegenden Untertasse. Das Fleisch erinnert im Geschmack an Gurke oder Zucchini.

## Halloween-Kürbis

Das Fruchtfleisch der auch als Schnitzkürbisse bezeichneten Früchte ist meist faseriger und wässriger als das anderer Kürbissorten. Angeschnitten lässt sich der Kürbis im Kühlschrank lagern.

## Gelber Zentner

Keine Angst vor dem Gemüseriesen. In Spalten geschnitten, lässt er sich gut verarbeiten. Der Gelbe Zentner ist mit bis zu 50 kg Gewicht der Gigant unter den Kürbissen. Unter seiner dicken, gelben Schale steckt weiches Fleisch mit neutralem Geschmack, das sich für alle Zubereitungen eignet.

Helloween-Kürbis

Gelber Zentner

Grüner Muskatkürbis

Patisson-Kürbis

## Halloween ist Kürbiszeit

Dann haben in den USA – und nicht nur dort – die Kürbisse, zur Fratze geschnitzt, bemalt, ausgehöhlt und von innen beleuchtet, ihren großen Auftritt. In der »Nacht der bösen Geister«, vom 31. Oktober auf den 1.November, soll der Kürbis nämlich das Haus vor Spuk und ungebetenen Eindringlingen schützen.

### Feiern rund um den Kürbis: Halloween

Obst- und Gemüsearten, die aus unserem Leben nicht mehr wegzudenken sind, finden auch Eingang in das kulturelle Leben, in Feste und Feierlichkeiten. Meist sind diese Feste, z. B. Erdbeerfeste, Apfelfeste, Blütenfeste, Spargelfeste oder Weinfeste, an einzelne Regionen gebunden. Kein Fest ist so international und weithin bekannt wie das Kürbisfest »Halloween«. Das Wort »Halloween« leitet sich vom englischen Begriff *All Hallows* für **Allerheiligen** bzw. von *All Hallows' Eve* für die Nacht davor ab.

Zierkürbisse: Die kleinen, harten Früchte gibt es in vielen attraktiven Formen und Farben. Sie sind überwiegend für Dekorationszwecke gedacht, da sie nur wenig und minderwertiges Fruchtfleisch haben.

An Halloween starren einem vielerorts große Zähne und funkelnde Augen an. Dahinter verbergen sich keine Monster, sondern kunstvoll geschnitzte **Kürbis-Grimassen**. Der Brauch stammt angeblich aus Irland. Die Inselbewohner versuchten früher mit den Fratzen böse Geister zu vertreiben – allerdings mussten große Rüben dafür herhalten. Auswanderer nahmen den Brauch wohl mit nach Nordamerika, wo er heute mit den dort heimischen Kürbissen ausgiebig gefeiert wird.

### Dekorieren mit dem Kürbis

Kürbisse schmücken den Garten vor allem im Herbst, wenn die mächtigen Früchte wie von Riesen verteilte Murmeln in den Beeten liegen oder die bunten Kugeln kleinerer Sorten die langen Ranken wie Perlenschnüre besetzen. Sie eignen sich aber auch als Dekoration für zu Hause oder auf dem Tisch – auch ausgehöhlt und bemalt.

## Kürbisse aushöhlen

Die runde Form vieler Kürbissorten verleitet dazu, daraus Geisterköpfe oder lustige Fratzen zu schneiden. Vorteil des Aushöhlens: Mit einer brennenden Kerze bestückt, wirken diese Kunstwerke auch im Dunklen dekorativ.

## Kürbisse bemalen

Hier bietet es sich an, sie so zu dekorieren, dass sie trotzdem für den Kochtopf nicht verloren gehen: mit lebensmittelechten Farben. Kindern macht es besonders viel Spaß, auf die kugeligen Gesellen lustige Gesichter oder abschreckenden Fratzen zu malen.

## Kürbiskernöl: das gesunde schwarze Gold

Unter kulinarischem Aspekt ist der Kürbis höchst vielfältig, aber mit besonders vielen Vitaminen kann das stark wasserhaltige Gemüse nicht aufwarten. Der Kürbis bietet lediglich etwas Kalium und Eisen, aber dafür ist er besonders kalorienarm. Einige Sorten liefern außerdem zwei Köstlichkeiten: **Kerne** zum **Knabbern** und das **dunkelgrüne Kürbiskernöl**, das manchem Kürbisgericht den letzten Pfiff verleiht. Die Kürbissamen werden geröstet als Snack oder zur Herstellung von Kürbiskernöl genutzt.
Pflanzliche Öle spielen in der Ernährung eine überaus wichtige Rolle, und zwar wegen ihrer essenziellen, das heißt lebensnotwendigen, mehrfach ungesättigten Fettsäuren und wegen ihres Gehalts an Vitamin E.
Kürbiskernöl gilt als kulinarische Delikatesse und es nimmt wegen seines hohen Gehaltes an wertvollen **Inhaltsstoffen** und

**TIPP**

Kürbiskernöl sollte im **Kühlschrank** aufbewahrt werden, dann wird es nicht so schnell ranzig.

[1] Kürbiskerne
[2] Kürbiskernöl
[3] ganze Kürbiskerne in der Pfanne ohne Öl geröstet
[4] grob gehackte geröstete Kürbiskerne
[5] fein gehackte Kürbiskerne

seines einzigartigen Geschmacks innerhalb der pflanzlichen Öle eine Sonderstellung ein. Wegen seiner besonderen Farbe wird es auch **»das schwarze Gold«** genannt.
Im Gegensatz zu industriell raffinierten pflanzlichen Ölen handelt es sich beim Kürbiskernöl um ein naturbelassenes Öl. Es ist nicht nur äußerst **wohlschmeckend**, sondern auch **gesund.**
Kürbiskernöl gewinnt man aus den gehackten und gerösteten Samen der Gartenkürbisse, die noch warm und unter hohem Druck mit einer hydraulischen Presse gepresst werden. Solch ein Kürbis kann bis zu 100 Samen enthalten, die geschält oder ungeschält verarbeitet werden. Die ausgepressten Rückstände, der sogenannte Presskuchen (auch Ölkaas genannt), werden als eiweißreiches Futtermittel für Rinder und Schweine verwendet.
**100 Prozent reines Kürbiskernöl** wird aus den Kernen des **steirischen Ölkürbisses** gewonnen, nur dieser Kürbis enthält schalenlose Kerne. Die ungesättigten Fettsäuren, Linolsäure und Vitamin E beugen Herz- und Kreislauferkrankungen vor, senken die Blutfettwerte und halten den Cholesterinspiegel in Balance.

## VERWENDUNG IN DER KÜCHE

**Neben den 33 Rezepten dieses Buches und vielen weiteren Variationsmöglichkeiten können Sie mit Kürbissen auch noch folgende Gerichte, Speisen und Snacks zubereiten:**

**Brot & Co.:** Kürbisweißbrot, Kürbis-Bauernbrot, Kürbiskernbrot, Grissini

Rezept siehe Seite 82

**Butter und Aufstriche:** Kürbisbutter, Kürbisaufstriche, Kürbiskerndip
**Eingelegtes:** Balsamico-Kürbis

Rezept siehe Seite 36

**Suppen:** Kürbiseintopf, Currykürbissuppe
**Fleisch:** Hühnerbrust mit Kürbiskruste
**Pasta & Co.:** Kürbis-Schlutzkrapfen (Maultaschen), pikanter Kürbis-Couscous
**Gemüse/Pürees:** Kürbiskraut, Kürbis-Kartoffelpüree, Karotten-Kürbispüree, Estragon-Kürbis, Kürbis vom Grill
**Süßes/Pikantes:** Kürbistorte mit Preiselbeeren, Kürbisparfait, Kürbiseis, Kürbismousse mit Schokolade, Kürbis-Crème-brûlé, Chutneys

Rezept siehe Seite 78

## Kürbis und Zucchini mit Wein

Wein und Essen können zwei aufeinander abgestimmte Partner sein. Mit ein bisschen Überlegung sollte die »Vermählung« funktionieren! Welcher Wein passt nun zu Kürbisgerichten und zu Zucchini? Kürbis hat einen feinen, samtigen und ziemlich süßlichen Eigengeschmack. Kürbisse hinterlassen zudem auch einen cremigen Eindruck am Gaumen. Dazu würden saftige Weine mit rassiger Frische passen. Zu Kürbisgerichten wären also Weine ideal, die mit einer ansprechenden Säure und Mineralität ausgestattet sind. Mit Weißweinen aus Südtirol liegen Sie garantiert nicht daneben! Aber auch lebhafte Schaumweine können ideale Begleiter zu Kürbisgerichten sein. Zucchini sind neutraler im Geschmack und zeichnen sich auch durch einen zart süßlichen Abgang aus. Dieser ist jedoch nicht so betont wie beim Kürbis. Deshalb muss bei Zucchinigerichten darauf geachtet werden, dass die ausgesuchten Weine sehr zart und leicht sind.
Die Schwierigkeit bei der Weinauswahl besteht darin, dass Kürbis und Zucchini

Kürbisse gibt es in allen Farben, Formen und Größen.

Feiner Wein zu feinen Zucchini- und Kürbisgerichten

von einer Vielzahl von Zutaten begleitet werden und mit den unterschiedlichsten Garmethoden zubereitet werden können. Auch die Sorte hat einen Einfluss auf unsere sensorische Wahrnehmung. Der Wein sollte sich dann an der stärksten Empfindung ausrichten.
Werden Kürbis und Zucchini als Vorspeise zubereitet, sollten die ausgesuchten Weine nicht zu schwer sein, sondern eher leicht und beschwingt. Bei Hauptgerichten mit Fleisch kann es ohne Weiteres auch ein eleganter **Blauburgunder** sein. Werden Zucchini und Kürbis zu Fischgerichten gereicht, so harmoniert damit auch ein kräftigerer Weißwein wie ein **Chardonnay mit Holzausbau.** Bei pikanten und scharfen Kreationen sollte der Wein neben einer ansprechenden Frische und Saftigkeit vor allem auch viel Weichheit aufweisen. Diese finden Sie bei Weinen mit etwas Restzucker oder bei älteren, in der Flasche gereiften Weinen. Findet sich der Kürbis in einer Süßspeise wieder, dann ist ein köstlicher Süßwein, z. B. ein **Strohwein** aus Südtiroler Landen, die erste Wahl!

# Bruschetta mit Zucchini

Für 4 Personen

## Zutaten

| | |
|---|---|
| 200 g | Zucchini |
| 1/2 | Knoblauchzehe, fein gehackt |
| 2 EL | Olivenöl |
| 1 TL | Basilikum, fein geschnitten |
| 1 | frischer Peperoncino, fein geschnitten |
| | Salz |
| | Pfeffer aus der Mühle |
| 8 | Weißbrotscheiben (Ciabatta, Ölbrot oder Baguette), getoastet |
| 20 g | feine Zwiebelstreifen |
| | Dill zum Garnieren |
| | Pfeffer aus der Mühle |

etwa 2 Minuten

## Zubereitung

- Zucchini putzen, waschen, entkernen und in kleine Würfel schneiden.
- Knoblauch in etwas Olivenöl dünsten, Zucchini dazugeben und kurz mitdünsten.
- Mit Basilikum, Peperoncino, Salz und Pfeffer würzen.
- Zucchini auf getoastete Weißbrotscheiben geben, mit feinen Zwiebelstreifen, Dill und frisch gemahlenem Pfeffer servieren.

## TIPPS

1. *Anstelle des Weißbrotes können auch Vingscher Paarln oder Toastbrotscheiben verwendet werden.*
2. *Sie können die Bruschetta zur Abwechslung mit gedünsteten Melanzane, Tomaten oder Mozzarellawürfeln zubereiten.*
3. *Sie können die Bruschetta auch mit Mozzarellawürfeln überbacken.*
4. *Servieren Sie zur Bruschetta Speckscheiben oder Rohschinken.*

# Kürbis mit Garnelen und Orangen

FÜR 4 PERSONEN

**Orangenfilets**

2 Orangen

**Kürbis**

400 g Kürbis, geschält und entkernt
Salz
2 EL Olivenöl zum Anbraten
1 EL Weißweinessig
20 ml Olivenöl
Salz

**Weiteres**

16 Garnelenschwänze
Salz
2 EL Olivenöl
Kerbel und Dill zum Garnieren
1 TL alter Balsamicoessig zum Garnieren

**Kürbis:** etwa 2 Minuten
**Garnelen:** etwa 3 Minuten

## Orangenfilets

- Mit einem scharfen Messer die Schale von den Orangen (auch die weiße Haut) schneiden.
- Dann mit einem kleinen Messer die Filets zwischen den Orangenhäuten herausschneiden.

## Kürbis

- Kürbis in dünne Scheiben schneiden, mit Salz würzen und kurz in Olivenöl anbraten.
- Weißweinessig, Olivenöl und Salz verrühren und die Kürbisscheiben damit marinieren.

## Fertigstellung

- Garnelen putzen, den Panzer entfernen und den Darm an der Rückseite herausziehen.
- Garnelen salzen und in einer heißen Pfanne in Olivenöl beidseitig anbraten.
- Kürbisscheiben auf Tellern anrichten, Garnelen darauflegen, mit Orangenfilets, Kerbel und Dill garnieren, mit altem Balsamicoessig beträufeln und servieren.

### VARIATION

**Zucchini mit Garnelen und Orangen:** Statt Kürbis verwenden Sie Zucchini.

### TIPPS

1. *Anstelle des Kürbisses können Sie Radicchio verwenden.*
2. *Ersetzen Sie die Garnelen durch Scampi, Lachs oder Seeteufel.*

# Kürbis-Linsen mit Speck

FÜR 4 PERSONEN

### Kürbis-Linsen

- 100 g Linsen
- 3 EL Olivenöl
- 50 g Zwiebeln, fein geschnitten
- 1 Knoblauchzehe, fein gehackt
- 150 g Kürbis, geschält und fein gewürfelt
- 1 Thymianzweig
- 200 ml Wasser
- Salz
- Pfeffer aus der Mühle
- 2 EL Balsamicoessig
- 1 TL Senf

### Weiteres

- 20 dünne Speckscheiben
- 60 g Salat (Friséesalat, Vogelesalat, Radicchio und Kerbel) zum Garnieren
- 2 EL Olivenöl
- 1 EL Weißweinessig
- Salz
- Pfeffer aus der Mühle

etwa 20 Minuten

### Kürbis-Linsen

- Linsen etwa 1 Stunde in kaltem Wasser einweichen.
- Olivenöl erhitzen, Zwiebelwürfel, Knoblauch und Kürbis kurz darin dünsten.
- Linsen und Thymian dazugeben, mit Wasser aufgießen und kochen lassen.
- Mit Salz und Pfeffer würzen und mit etwas Balsamicoessig und Senf abschmecken.

### Fertigstellung

- Kürbis-Linsen mit einem Löffel zu Nocken formen und auf Tellern anrichten.
- Speckscheiben aufrollen und auf die Teller legen.
- Salate mit Olivenöl, Weißweinessig, Salz und Pfeffer marinieren, ebenfalls auf die Teller geben und servieren.

### VARIATION

**Zucchini-Linsen mit Speck:** Statt Kürbis verwenden Sie Zucchini.

### TIPPS

1. *Sie können statt Speck auch Salami, Soppressa oder Rohschinken verwenden.*
2. *Den Kürbis können Sie durch Peperoni oder Melanzane ersetzen.*
3. *Sie können die Kürbis-Linsen auch als Beilage zu gebratenem Fisch wie Zander, Forelle, Saibling oder Heilbutt servieren.*

# Gegrillter Kürbis mit Meerrettichmousse

FÜR 4 PERSONEN

### Gegrillter Kürbis

| | |
|---|---|
| 400 g | Kürbis, geschält und entkernt |
| | Salz |
| 1 EL | Olivenöl |
| 2 EL | Nussöl |
| 1 EL | Zitronensaft |
| 1 Msp. | Ingwer |
| | Salz |

### Meerrettichmousse

| | |
|---|---|
| 2 ½ Blatt | Gelatine |
| 2 EL | flüssige Sahne |
| 200 g | Naturjoghurt |
| 100 g | Sauerrahm |
| 40 g | Meerrettich, fein gerieben |
| 1 EL | Zitronensaft |
| | Salz |
| | Pfeffer aus der Mühle |
| 100 ml | geschlagene Sahne |

### Kräuteröl

| | |
|---|---|
| 1 EL | Petersilie |
| ½ EL | Kerbel |
| ½ | Knoblauchzehe |
| 50 ml | Olivenöl |
| | Salz |

etwa 2 Minuten

## Gegrillter Kürbis

- Kürbis in dünne Scheiben schneiden, mit Salz würzen und mit Olivenöl in einer Grillpfanne grillen.
- Nussöl, Zitronensaft, Ingwer und Salz vermischen und die Kürbisscheiben damit marinieren.

## Meerrettichmousse

- Gelatineblätter in reichlich kaltem Wasser etwa 20 Minuten einweichen.
- Gelatine ausdrücken und mit 2 Esslöffeln Sahne im heißen Wasserbad auflösen, mit Naturjoghurt und Sauerrahm vermischen.
- Meerrettich und Zitronensaft dazugeben, salzen, pfeffern und auf den Gelierpunkt (12 Grad) herunterkühlen.
- Die geschlagene Sahne nach und nach unterheben, in tiefe Teller füllen und im Kühlschrank mindestens 2 Stunden fest werden lassen.

## Kräuteröl

- Petersilie, Kerbel und Knoblauch fein hacken und mit Olivenöl und Salz verrühren.

## Fertigstellung

- Gegrillte Kürbisscheiben auf die Meerrettichmousse legen, mit Kräuteröl garnieren und servieren.

### TIPPS

1. *Anstelle von Kürbis können Sie auch Fenchel oder Melanzane verwenden.*
2. *Zur Meerrettichmousse können Sie Speck, Rohschinken, gebratene Hühner- oder Truthahnbrust servieren.*

# Zucchini-Sauerrahmterrine mit Tomatengelee

FÜR 4 PERSONEN

### Sauerrahmcreme

| | |
|---|---|
| 1 ½ Blatt | Gelatine |
| 2 EL | flüssige Sahne |
| 120 g | Sauerrahm |
| 100 ml | geschlagene Sahne |
| | Salz |
| | Pfeffer aus der Mühle |

### Tomatengelee

| | |
|---|---|
| 3 Blatt | Gelatine |
| 400 g | Kirschtomaten |
| ½ | Knoblauchzehe, fein gehackt |
| 1 TL | Zucker |
| 1 | Spritzer Tabasco |
| | Salz |
| | Pfeffer aus der Mühle |
| 2 | Basilikumblätter |
| 1 TL | Petersilie |

### Tomatenwürfel

| | |
|---|---|
| 150 g | feine Tomatenwürfel |
| | Salz |
| | Pfeffer |
| 1 EL | Olivenöl |
| 1 TL | Weißweinessig |

### Weiteres

| | |
|---|---|
| 200 g | gegrillte Zucchinischeiben |
| | Friséesalat, Kerbel, Dill, Petersilie und Radieschenscheiben |
| | Salz |
| | Pfeffer |
| 2 EL | Olivenöl |
| 1 EL | Weißweinessig |
| | Olivenöl zum Beträufeln |

### Sauerrahmcreme

- Gelatineblätter in reichlich kaltem Wasser einweichen.
- Gelatine ausdrücken und mit 2 Esslöffeln Sahne in heißem Wasserbad auflösen, unter den Sauerrahm rühren.
- Die geschlagene Sahne nach und nach unterheben und mit Salz und Pfeffer abschmecken.
- Eine Terrinenform mit Klarsichtfolie auslegen, Sauerrahmcreme einfüllen, glatt streichen und im Kühlschrank etwa 20 Minuten gelieren lassen.

### Tomatengelee

- Gelatineblätter in reichlich kaltem Wasser etwa 20 Minuten einweichen.
- Die Kirschtomaten waschen und in Stücke schneiden, mit Knoblauch, Zucker, Tabasco, Salz, Pfeffer, Basilikum und Petersilie würzen und mit dem Pürierstab grob mixen.
- In ein feines Passiertuch geben und langsam abtropfen lassen (ergibt etwa 250 ml Flüssigkeit).
- Flüssigkeit erwärmen und die ausgedrückte Gelatine darin auflösen, salzen, pfeffern und bereitstellen.

### Tomatenwürfel

- Tomatenwürfel mit Salz, Pfeffer, Olivenöl und Weißweinessig marinieren.

### Fertigstellung

- Gegrillte Zucchinischeiben auf die Sauerrahmcreme legen und mit Tomatengelee auffüllen, anschließend im Kühlschrank etwa 2 Stunden stocken lassen.
- Salate mit Salz, Pfeffer, Olivenöl und Weißweinessig marinieren.
- Terrine in Scheiben schneiden und auf Teller geben.
- Tomatenwürfel zu einer Nocke formen und zusammen mit den Salaten neben der Terrine anrichten, alles mit etwas Olivenöl beträufeln und servieren.

# Zucchiniröllchen mit Tomaten

Für 4 Personen

### Zucchini

- 2 Zucchini
- ½ Knoblauchzehe
- 50 ml Olivenöl
- Pfeffer aus der Mühle
- Salz

### Topfenfüllung

- 150 g Topfen (Quark)
- 1 EL Schnittlauch, fein geschnitten
- Salz
- Pfeffer aus der Mühle

### Weiteres

- 16 Dattel- oder Kirschtomaten, geschält
- Salz
- 1 EL Olivenöl
- 1 EL Schnittlauch, fein geschnitten
- 1 EL Basilikum, in feine Streifen geschnitten
- 1 TL Balsamicoessig zum Garnieren
- Parmesanspäne zum Garnieren

etwa 3 Minuten

### Zucchini

- Zucchini waschen, putzen und der Länge nach in Scheiben schneiden.
- Knoblauch schälen, fein hacken und mit dem Olivenöl vermischen.
- Zucchini mit Pfeffer und Knoblauchöl 10 Minuten marinieren.
- Salzen, auf dem vorgeheizten Grill oder in einer Grillpfanne beidseitig grillen.

### Topfenfüllung

- Topfen mit Schnittlauch, Salz und Pfeffer verrühren.

### Fertigstellung

- Zucchinischeiben mit der Topfenfüllung bestreichen, aufrollen und auf Teller geben.
- Datteltomaten mit Salz und Olivenöl marinieren und zwischen den Zucchiniröllchen anrichten.
- Mit Schnittlauch und Basilikum bestreuen, mit Balsamicoessig und Parmesanspänen garnieren und servieren.

### Variation

**Kürbisröllchen mit Tomaten:** Statt Zucchini verwenden Sie Kürbis.

### Tipps

1. *Servieren Sie zu den gegrillten Zucchiniröllchen geröstetes Knoblauch-Baguette.*
2. *Datteltomaten können Sie auch halbieren und grillen.*
3. *Anstelle der Zucchini können Sie gegrillte Melanzanescheiben verwenden.*
4. *Nehmen Sie statt des Parmesans Pecorino oder Bergkäse.*

# Zucchini-Kartoffelrösti mit gekochtem Ei und Salaten

FÜR 4 PERSONEN

### Zucchini-Kartoffelrösti

| | |
|---|---|
| 300 g | gekochte Pellkartoffeln |
| 40 g | Zwiebeln, fein geschnitten |
| 2 EL | Butter |
| 100 g | Zucchini, geraspelt |
| 1 Msp. | Thymian, fein gehackt |
| | Salz |
| | Pfeffer aus der Mühle |
| | Öl zum Braten |

### Weiteres

| | |
|---|---|
| 4 | gekochte Eier |
| | Salat (Friséesalat, Vogelesalat, Maikönig, Rucola) |
| 2 EL | Olivenöl |
| 1 EL | Weißweinessig |
| | Salz |
| 1 EL | Petersilie zum Garnieren |
| 40 g | Zwiebelringe zum Garnieren |

etwa 8 Minuten

### Zucchini-Kartoffelrösti

- Kalte Pellkartoffeln schälen und grob raspeln.
- Zwiebelwürfel in Butter dünsten, vom Herd nehmen, mit den Zucchini- und Kartoffelraspeln vermischen, Thymian dazugeben und mit Salz und Pfeffer würzen.
- In einer beschichteten Pfanne etwas Öl erhitzen, die Zucchini-Kartoffel-Masse portionsweise in die Pfanne geben, flach drücken und beidseitig braten.

### Fertigstellung

- Zucchini-Kartoffelrösti auf Teller geben und mit den gekochten und halbierten Eiern anrichten.
- Salate mit Olivenöl, Weißweinessig und Salz marinieren und mit den Rösti anrichten.
- Mit Petersilie und Zwiebelringen garnieren und servieren.

### VARIATION

**Kürbis-Kartoffelrösti:** Statt Zucchini verwenden Sie Kürbis.

### TIPPS

1. *Sie können die Zucchini-Kartoffelrösti auch mit einem Lachssteak oder gebratenen Garnelen servieren.*
2. *Servieren Sie die Rösti mit frischem Büffelmozzarella.*

# Zucchinicremesuppe

FÜR 4 PERSONEN

## Zutaten

| | |
|---|---|
| 300 g | Zucchini |
| 30 g | Butter |
| 1/2 | Zwiebel, fein geschnitten |
| 1/2 | Knoblauchzehe, fein gehackt |
| 1 l | Fleischsuppe, Gemüsebrühe oder Wasser |
| 125 ml | Sahne |
| | weißer Pfeffer aus der Mühle |
| | Salz |
| 2 EL | kalte Butter |

## Weiteres

| | |
|---|---|
| 4 EL | geschlagene Sahne |
| 4 | Basilikumblätter, in feine Streifen geschnitten |
| 2 EL | geröstete Brotwürfel |
| 4 | Radieschen, in Scheiben geschnitten |

etwa 30 Minuten

## Zubereitung

- Zucchini waschen, putzen und in kleine Stücke schneiden.
- Butter in einem Topf schmelzen lassen, Zwiebelwürfel und Knoblauch zugeben und glasig dünsten.
- Zucchini dazugeben und kurz mitdünsten, mit Fleischsuppe aufgießen und kochen lassen.
- Sahne dazugeben, mit Salz und Pfeffer abschmecken und mit der kalten Butter mixen, eventuell durch ein Sieb passieren.
- Mit geschlagener Sahne, Basilikumstreifen, gerösteten Brotwürfeln und Radieschenscheiben garnieren und servieren.

## TIPPS

1. *Als Einlage kann man auch gebratene oder gekochte Zucchiniwürfel oder -streifen verwenden.*
2. *Sie können die Zucchinicremesuppe auch mit Knoblauchtoast servieren.*
3. *Kaufen Sie kleine Zucchini, denn sie sind viel aromatischer.*

# Curry-Kürbissuppe mit Amaretti

Für 4 Personen

## Zutaten

| | |
|---|---|
| 200 g | Kürbis, geschält und entkernt |
| 20 g | Lauch |
| 20 g | Karotten |
| 30 g | Butter |
| 1 l | Gemüsebrühe oder Wasser |
| 1 | Knoblauchzehe, geschält |
| 1 TL | Curry |
| | Salz |
| | Pfeffer aus der Mühle |
| 80 ml | Sahne |

## Weiteres

| | |
|---|---|
| 1 EL | geröstete Kürbiskerne |
| 2 EL | zerbröselte Amarettikekse |
| 1 EL | Petersilie, fein geschnitten |

etwa 30 Minuten

## Zubereitung

- Kürbis in Würfel schneiden.
- Lauch putzen, Karotten schälen, beides in Würfel schneiden und in Butter andünsten.
- Kürbis dazugeben und mitdünsten.
- Mit Gemüsebrühe aufgießen und kochen, bis das Gemüse weich ist.
- Die Suppe im Mixer mit Knoblauch und Curry pürieren, mit Salz und Pfeffer würzen.
- Vor dem Servieren Sahne in die Suppe geben und kurz aufschäumen.
- Die Suppe mit gerösteten Kürbiskernen, Amarettibröseln und Petersilie garnieren und servieren.

## TIPPS

1. *Beträufeln Sie die Suppe mit etwas kalt gepresstem Kürbiskernöl.*
2. *Zur Suppe können Sie auch einen Garnelenspieß servieren.*
3. *Verwenden Sie geröstete Knoblauchbrotwürfel anstelle der Amarettikekse.*

# Mozzarella-Teigtaschen auf Zucchini

FÜR 4 PERSONEN

### Eiernudelteig

| | |
|---|---|
| 60 g | Mehl |
| 60 g | Hartweizengrieß |
| 1 | Ei |
| 1 TL | Olivenöl |
| | Salz |

### Mozzarellafüllung

| | |
|---|---|
| 30 g | Zwiebeln, fein geschnitten |
| 30 ml | Olivenöl |
| 150 g | Mozzarella, in Würfel geschnitten |
| 50 g | Ricotta |
| 1 EL | Basilikum, fein geschnitten |
| | Salz |
| | Pfeffer aus der Mühle |

### Weiteres

| | |
|---|---|
| 200 g | Zucchiniwürfel |
| 2 | Knoblauchzehen, in Scheiben geschnitten |
| 50 ml | Olivenöl |
| | Salz |
| | Pfeffer aus der Mühle |
| 1 EL | rotes Basilikum, fein geschnitten |
| 1 EL | Majoranblätter |

**Zucchini:** etwa 4 Minuten
**Teigtaschen:** etwa 3 Minuten

### Eiernudelteig

- Mehl und Hartweizengrieß in eine Schüssel geben und mit Ei, Olivenöl und Salz vermischen. Auf einem Tisch oder Nudelbrett zu einem geschmeidigen, relativ festen Teig verkneten.
- Den Teig mit Klarsichtfolie 1 Stunde gut zugedeckt ruhen lassen.

### Füllung

- Zwiebelwürfel in Olivenöl etwa 2 Minuten dünsten und auskühlen lassen.
- Mozzarellawürfel, Ricotta und Basilikum dazugeben, mit Salz und Pfeffer würzen.

### Fertigstellung

- Den Eiernudelteig dünn ausrollen und 12 Kreise ausstechen (etwa 8 cm Ø).
- Die Füllung mit einem Löffel auf die Teigblätter geben, Teigränder mit Wasser bestreichen, verschließen und zu Teigtaschen formen.
- Die Teigtaschen in Salzwasser kochen.
- Zucchiniwürfel und Knoblauch in Olivenöl dünsten, mit Salz und Pfeffer abschmecken und auf Tellern anrichten. Die Teigtaschen darauf verteilen, mit Basilikum und Majoranblättern garnieren und servieren.

### VARIATION

**Mozzarella-Teigtaschen auf Kürbis:** Statt Zucchini verwenden Sie Kürbis.

### TIPPS

1. *Sie können die Teigtaschen auch mit Tomatensauce servieren.*
2. *Statt Zucchini können Sie Fenchel oder Melanzane verwenden.*

# Lasagne mit Kürbis und Zucchini

Für 4 Personen

## Zutaten

| | |
|---|---|
| 100 g | Kürbisscheiben |
| 200 g | Zucchinischeiben |
| | Salz |
| 30 ml | Olivenöl |

## Béchamelsauce

| | |
|---|---|
| 50 g | Butter |
| 50 g | Mehl |
| 750 ml | Milch |
| | Salz |
| 1 Msp. | Muskatnuss, gerieben |

## Weiteres

| | |
|---|---|
| 150 g | Eiernudelteig (siehe Seite 38) |
| 1 EL | Thymianblätter |
| 4 EL | Parmesan, gerieben |
| | Butter zum Ausstreichen der Form und zum Beträufeln |
| | Parmesan, gerieben, zum Bestreuen |

**Zucchini und Kürbis:** etwa 4 Minuten

**Béchamelsauce:** etwa 5 Minuten

**Lasagne:** etwa 180 Grad

**Lasagne:** etwa 20 Minuten

## Zubereitung

- Kürbis- und Zucchinischeiben mit Salz würzen und in Olivenöl kurz anbraten.

## Béchamelsauce

- Butter erhitzen, Mehl dazugeben und gut verrühren.
- Mit Milch aufgießen und aufkochen lassen.
- Mit Salz und Muskatnuss würzen und bereitstellen.

## Fertigstellung

- Eiernudelteig mit der Nudelmaschine dünn ausrollen, in 6 x 6 cm große Blätter schneiden und in Salzwasser 2–3 Minuten kochen.
- Mit dem Schaumlöffel in kaltes Wasser geben und auskühlen lassen, auf Küchenkrepp abtropfen lassen.
- Béchamelsauce, Nudelblätter, Kürbis- und Zucchinischeiben, Thymian und Parmesan schichtweise in eine mit Butter ausgestrichene, feuerfeste Form geben, mit Béchamelsauce abschließen, mit Butter beträufeln und im vorgeheizten Backofen überbacken.
- Mit etwas Parmesan bestreuen und servieren.

## TIPPS

1. *Statt Zucchini und Kürbis können Sie auch Fenchel verwenden.*
2. *Ersetzen Sie den Kürbis durch Tomaten oder Melanzane.*
3. *Sie können die Lasagne auch mit frischen oder geräucherten Lachsscheiben zubereiten.*

# Fusilli alla carbonara mit Zucchini und Pecorino

FÜR 4 PERSONEN

## Zutaten

| | |
|---|---|
| 200 ml | Sahne |
| 3 | Eigelb |
| 2 EL | Pecorino oder Parmesan, gerieben |
| | Salz |
| 200 g | Zucchini |
| 1 EL | Butter |

## Weiteres

| | |
|---|---|
| 320 g | Fusilli |
| | Pfeffer aus der Mühle |
| 1 EL | Basilikumblätter, fein geschnitten |
| 2 EL | Pecorino- oder Parmesanspäne |

**Zucchini:** etwa 5 Minuten

**Fusilli:** siehe Packungsanweisung

## Zubereitung

- Sahne mit Eigelb, Pecorino und Salz verrühren.
- Zucchini halbieren, in dünne Scheiben schneiden und in Butter leicht anbraten.
- Fusilli in reichlich Salzwasser nach Packungsanweisung bissfest kochen.
- Die gekochten Fusilli abseihen, abtropfen lassen und in die Pfanne zu den Zucchini geben.
- Die Sahne-Eigelb-Masse darübergießen und alles gut vermischen.
- Mit frisch gemahlenem Pfeffer, Basilikumstreifen und Pecorinospänen bestreuen und sofort servieren.

## TIPPS

1. *Als Beilage können Sie einen Blattsalat der Saison servieren.*
2. *Anstelle von Pecorino können Sie auch Bergkäse nehmen.*
3. *Sie können statt Zucchini auch Rohschinken verwenden.*
4. *Ersetzen Sie die Fusilli durch Spaghetti oder feine Bandnudeln.*

# Paccheri mit Zucchinicreme und Muscheln

Für 4 Personen

### Zucchinicreme

| | |
|---|---|
| 400 g | Zucchini |
| 2 EL | Olivenöl zum Dünsten |
| 1 | Knoblauchzehe, fein gehackt |
| 1 | Schalotte, fein geschnitten |
| 200 ml | Wasser |
| | Salz |
| | Pfeffer aus der Mühle |
| 50 ml | Olivenöl zum Mixen |

### Muscheln

| | |
|---|---|
| 500 g | Miesmuscheln *(cozze)* |
| 500 g | Venusmuscheln *(vongole)* |
| 3 EL | Olivenöl zum Braten |

### Weiteres

| | |
|---|---|
| 320 g | Paccheri |
| 120 g | Zucchinistreifen |
| 2 EL | Olivenöl zum Anbraten |
| | Salz |
| | Pfeffer aus der Mühle |
| 2 EL | Petersilie, fein geschnitten zum Bestreuen |
| 1 Msp. | geriebener Peperoncino |

**Zucchinicreme:** etwa 7 Minuten

**Muscheln:** etwa 3 Minuten

**Paccheri:** siehe Packungsanweisung

**Zucchini:** etwa 5 Minuten

### Zucchinicreme

- Zucchini putzen, waschen und das weiße Fruchtfleisch herausschneiden. Die grüne Schale der Zucchini in Würfel schneiden.
- In einer Pfanne Olivenöl erwärmen, Knoblauch und Schalotten darin dünsten, die gewürfelten Zucchini mit Wasser dazugeben, salzen, pfeffern und weich dünsten.
- Im Mixer mit Olivenöl fein pürieren.

### Muscheln

- Muscheln putzen. Olivenöl in einer Pfanne erhitzen, Muscheln dazugeben, zugedeckt garen, bis sich die Muscheln öffnen. Die Muscheln herausnehmen (geschlossene Muscheln wegwerfen) und auslösen. Den Muschelfond bereitstellen.

### Fertigstellung

- Paccheri in Salzwasser nach Packungsanweisung bissfest kochen.
- Abgießen und gut abtropfen lassen.
- Zucchinistreifen in Olivenöl kurz anbraten, mit Muschelfond aufgießen und einkochen lassen.
- Ausgelöste Muscheln und Paccheri dazugeben, salzen und pfeffern, mit etwas Petersilie und Peperoncino würzen und gut vermischen.
- Zucchinicreme auf Teller geben, Nudeln darauf anrichten, mit der restlichen Petersilie bestreuen und servieren.

### TIPPS

1. *Die Muscheln müssen gut verschlossen sein, offene sind bereits tot und dürfen nicht verwendet werden.*
2. *Statt Zucchini können Sie Erbsen oder Saubohnen verwenden.*
3. *Für dieses Gericht sind auch die folgenden Nudeln geeignet: Penne, Fusilli, Orecchiette, Spaghetti.*

# Zucchinikroketten auf Tomatensauce

FÜR 4 PERSONEN

## Zutaten

| | |
|---|---|
| 30 g | Butter |
| 50 g | Mehl |
| 250 ml | Milch |
| 60 g | Weichkäse (Fontina oder Taleggio), in kleine Würfel geschnitten |
| 50 g | feine Zucchiniwürfel, gebraten |
| 1 | Eigelb |
| 1 Msp. | Muskatnuss |
| | Pfeffer aus der Mühle |
| | Salz |

## Weiteres

| | |
|---|---|
| 2 EL | Mehl |
| 2 | Eier, verquirlt |
| 100 g | Weißbrotbrösel |
| 200 ml | Tomatensauce |
| 4 | Basilikumherzen zum Garnieren |
| 1 EL | Parmesan, gerieben |

**Krokettenmasse:** etwa 5 Minuten

**Kroketten:** etwa 180 Grad

**Kroketten:** etwa 3 Minuten

## Zubereitung

- Butter in einem Topf schmelzen lassen, Mehl mit einem Schneebesen einrühren und eine Mehlschwitze zubereiten.
- Von der Kochstelle nehmen, Milch einrühren und unter ständigem Rühren bei schwacher Hitze kochen.
- Käsewürfel und Zucchini unterrühren, mit Eigelb binden, mit Muskatnuss, Pfeffer und Salz abschmecken.
- Die Masse in einen Spritzsack mit Lochtülle (etwa 1 cm Ø) einfüllen.
- Ein Blech mit Backpapier auslegen und die Krokettenmasse als Stränge aufspritzen.
- Die Masse auskühlen lassen, dann in 5 cm lange Stücke scheiden.

## Fertigstellung

- Die Kroketten in Mehl wenden, durch das verquirlte Ei ziehen und in Weißbrotbröseln wenden, eventuell ein zweites Mal panieren.
- Die Fritteuse vorheizen und die Kroketten darin goldgelb ausbacken.
- Auf Tellern anrichten und mit Tomatensauce, Basilikum und Parmesan garnieren und servieren.

## TIPPS

1. *Servieren Sie die Zucchinikroketten mit einer Käsesauce.*
2. *Sie können die Kroketten auch mit gekochten Nudelteigblättern umwickeln, panieren und backen.*

# Palatschinken mit Kürbisfüllung

FÜR 4 PERSONEN

### Palatschinken

| | |
|---|---|
| 100 g | Mehl |
| 100 ml | Milch |
| 1 Prise | Salz |
| 2 | Eier |
| | Butter zum Backen |

### Kürbisfüllung

| | |
|---|---|
| 300 g | Kürbis |
| 50 g | Zwiebeln, in kleine Würfel geschnitten |
| 1 | Knoblauchzehe, gehackt |
| 20 g | Butter |
| | Pfeffer aus der Mühle |
| | Salz |
| 1 TL | Petersilie, fein geschnitten |
| 20 g | Parmesan, gerieben |

### Royalmasse

| | |
|---|---|
| 2 | Eier |
| 100 ml | Milch |
| 100 ml | Sahne |
| | Salz |
| | Pfeffer |
| | Muskatnuss |

### Weiteres

| | |
|---|---|
| | Parmesan, gerieben |
| | Butter zum Ausstreichen der Form |

**Kürbisfüllung:** etwa 10 Minuten
**Palatschinken:** etwa 180 Grad
**Palatschinken:** etwa 20 Minuten

### Palatschinken

- Mehl, Milch, Salz und Eier glatt rühren.
- In einer Stielpfanne Butter erhitzen, etwas Teig hineingeben und dabei die Pfanne so bewegen, dass der Teig gleichmäßig verlaufen kann; auf beiden Seiten backen. Nach und nach die restlichen Palatschinken backen.

### Kürbisfüllung

- Kürbis waschen, schälen und in 5 mm große Würfel schneiden.
- Zwiebelwürfel und Knoblauch in Butter dünsten.
- Kürbiswürfel dazugeben und fertig dünsten.
- Mit Pfeffer, Salz und Petersilie würzen und mit Parmesan verfeinern.

### Royalmasse

- Eier, Milch, Sahne, Salz, Pfeffer und Muskatnuss verrühren.

### Fertigstellung

- Die Kürbisfüllung auf den Palatschinken verteilen und einrollen.
- Die Palatschinken in eine mit Butter ausgestrichene, feuerfeste Form geben und mit Royalmasse übergießen.
- Mit Parmesan bestreuen und im vorgeheizten Backofen backen. In der Form servieren.

### TIPPS

1. *Statt Kürbis kann auch weißer oder grüner Spargel verwendet werden.*
2. *Sie können die Palatschinken auch mit Käsesauce servieren.*

# Kürbisnocken mit Graukäsecreme

FÜR 4 PERSONEN

**Kürbisnocken**

| | |
|---|---|
| 200 g | Kürbis |
| | Salz |
| | Pfeffer aus der Mühle |
| 1 | Eigelb |
| 30 g | Mehl |
| 1 EL | Parmesan, gerieben |
| 160 g | Toastbrot, fein gerieben |

**Graukäsecreme**

| | |
|---|---|
| 80 ml | Fleischsuppe oder Wasser |
| 50 ml | Sahne |
| 120 g | Graukäse |
| 30 g | kalte Butterwürfel |
| | Salz |

**Zwiebelbutter**

| | |
|---|---|
| 2 EL | Butter |
| 120 g | rote Zwiebeln, in feine Streifen geschnitten |
| 50 ml | Wasser |
| | Salz |

**Weiteres**

| | |
|---|---|
| 2 EL | Parmesan, gerieben |
| 2 EL | Schnittlauch, fein geschnitten |

**Kürbis:** etwa 160 Grad
**Kürbis:** etwa 20 Minuten
**Graukäsecreme:** etwa 3 Minuten
**Zwiebelbutter:** etwa 7 Minuten
**Kürbisnocken:** etwa 4 Minuten

## Kürbisnocken

- Kürbis schälen, in nicht zu kleine Würfel schneiden, mit Salz und Pfeffer würzen und auf Alufolie legen, gut verschließen und im Backofen langsam garen lassen (siehe vordere Umschlag-Innenseite).
- Kürbis aus der Folie nehmen, mit der Handpassiermaschine passieren oder mit dem Mixer mixen, mit Eigelb vermischen und auskühlen lassen.
- Kürbispüree in eine Schüssel geben und mit Mehl, Parmesan, Toastbrotbröseln, Salz und Pfeffer verkneten.
- Aus dem Teig rasch gleichmäßig dicke Stränge (1 cm Ø) formen und diese in 1 cm lange Stücke schneiden.

## Graukäsecreme

- Fleischsuppe und Sahne aufkochen lassen, Graukäse und Butter dazugeben, salzen und alles verrühren.

## Zwiebelbutter

- Butter erhitzen. Zwiebelstreifen darin langsam anschwitzen, Wasser und Salz dazugeben und die Zwiebeln weich dünsten.

## Fertigstellung

- Die Graukäsecreme auf Teller geben.
- Die Kürbisnocken in Salzwasser kurz aufkochen, mit einer Schaumkelle herausnehmen, in der Zwiebelbutter schwenken und auf der Graukäsecreme anrichten. Mit Parmesan und Schnittlauch bestreuen und servieren.

### TIPPS

1. *Sollte die Nockenmasse zu weich sein, fügen Sie etwas Toastbrotbrösel zu.*
2. *Statt Kürbis können Sie Melanzane verwenden.*
3. *Den Graukäse können Sie auch durch Taleggio oder Almkäse ersetzen.*

# Kürbisrisotto mit Gorgonzola

FÜR 4 PERSONEN

## Zutaten

| | |
|---|---|
| 50 g | Zwiebeln |
| 40 g | Butter |
| 240 g | Rundkornreis (Arborio, Vialone Nano oder Carnaroli) |
| 50 ml | Weißwein |
| 400 g | Kürbis, geschält und in Würfel geschnitten |
| 1 l | Fleischsuppe oder Wasser |
| | Salz |
| | Pfeffer aus der Mühle |
| 20 g | Parmesan, gerieben |
| 30 g | kalte Butter |

## Weiteres

| | |
|---|---|
| 50 g | Gorgonzola, in Stücke geschnitten |
| 1 EL | geröstete Kürbiskerne |
| | Kerbel zum Garnieren |

etwa 18 Minuten

## Zubereitung

- Zwiebeln schälen, in kleine Würfel schneiden und in Butter dünsten.
- Reis dazugeben und unter ständigem Rühren toasten.
- Kürbis dazugeben und mit Weißwein ablöschen.
- Fleischsuppe nach und nach aufgießen, sodass der Reis immer mit Flüssigkeit bedeckt ist.
- Unter ständigem Rühren kochen lassen.
- Der Risotto soll bissfest *(al dente)* sein, seine Konsistenz aber cremig.
- Mit Salz und Pfeffer würzen und mit Parmesan und Butter verfeinern.
- Risotto auf Tellern anrichten, mit Gorgonzolastücken, gerösteten Kürbiskernen und Kerbel garnieren und servieren.

### VARIATION

**Zucchinirisotto mit Gorgonzola:** Statt Kürbis verwenden Sie Zucchini.

### TIPPS

1. *Statt Kürbis können Sie auch Fenchel verwenden.*
2. *Sie können den Gorgonzola auch durch einen Ziegenweichkäse ersetzen.*
3. *Verfeinern Sie den Risotto mit Kardamom.*
4. *Sie können den Risotto auch mit zerbröselten Amarettikeksen garniert servieren.*
5. *Servieren Sie zum Risotto einen Krautsalat.*

# Zucchini-Kürbis-Gratin

Für 4 Personen

## Zutaten

| | |
|---|---|
| 300 g | Zucchini |
| 200 g | Kürbis, geschält |
| | Salz |
| 2 EL | Olivenöl zum Braten |
| 150 g | Stangenmozzarella |
| | Pfeffer aus der Mühle |
| 30 g | Parmesan, gerieben |
| 2 EL | Olivenöl zum Beträufeln |

## Weiteres

| | |
|---|---|
| | Butter zum Ausstreichen der Form |
| 80 g | geröstete Weißbrotwürfel |
| 1 EL | Basilikum, fein geschnitten |
| | Olivenöl |
| 8 | Basilikumblätter zum Garnieren |

## Zubereitung

- Zucchini und Kürbis in 5 mm dicke Scheiben schneiden, salzen und in etwas Olivenöl braten.
- Stangenmozzarella in Scheiben schneiden.
- Zucchini und Kürbis abwechselnd mit Mozzarellascheiben in einer mit Butter ausgestrichenen Form anordnen und mit Mozzarellascheiben abschließen.
- Zucchini-Kürbis-Gratin mit Pfeffer würzen, mit Parmesan bestreuen und mit etwas Olivenöl beträufeln.
- Im vorgeheizten Backofen backen.

## Fertigstellung

- Auf Tellern anrichten. Mit gerösteten Brotwürfeln und Basilikumstreifen bestreuen, mit etwas Olivenöl und Basilikumblättern garnieren und servieren.

**Zucchini und Kürbis:** etwa 5 Minuten
**Gratin:** etwa 180 Grad
**Gratin:** etwa 15 Minuten

## TIPPS

1. *Servieren Sie das Zucchini-Kürbis-Gratin mit Tomatensauce.*
2. *Anstelle der Zucchini verwenden Sie Melanzane oder Tomaten.*
3. *Sie können den Mozzarella auch durch einen würzigen Bergkäse ersetzen.*

# Gefüllte Zucchini mit Reis und Kürbis

FÜR 4 PERSONEN

**Zucchini**

| | |
|---|---|
| 4 | runde Zucchini |

**Füllung**

| | |
|---|---|
| 2 EL | Olivenöl |
| 100 g | Langkornreis |
| | Salz |
| 150 ml | Wasser |
| 2 Kapseln | Kardamom |
| 40 g | Zwiebeln, fein geschnitten |
| 1 | Knoblauchzehe, fein gehackt |
| 2 EL | Butter |
| 200 g | Kürbis, geschält und in Würfel geschnitten |
| 1 TL | Ingwer, gerieben |
| 2 EL | Petersilie, fein geschnitten |
| | Pfeffer aus der Mühle |
| | Salz |

**Weiteres**

| | |
|---|---|
| 30 g | Parmesan, gerieben |
| | Salate (Friséesalat, Rucola, Kerbel, Dill, Majoran und Boretschblüten) |
| 1 EL | Olivenöl |
| 1 TL | Balsamicoessig |
| | Salz |
| | Pfeffer aus der Mühle |

## Zucchini

- Zucchini halbieren, Fruchtfleisch auslösen, in Würfel schneiden und bereitstellen.
- Die Zucchinihälften in Salzwasser kochen.

## Füllung

- Olivenöl in einem Topf erhitzen, Langkornreis dazugeben, kurz anschwitzen, mit Wasser aufgießen und salzen.
- Kardamom dazugeben und zugedeckt bei schwacher Hitze garen lassen.
- Zwiebeln und Knoblauch in Butter dünsten.
- Kürbis- und Zucchini-Fruchtfleischwürfel dazugeben und weich dünsten.
- Reis, Ingwer und Petersilie dazugeben, salzen und pfeffern.

## Fertigstellung

- Die Füllung in die Zucchinihälften geben und mit Parmesan bestreuen.
- Zucchini in eine feuerfeste Form stellen und im vorgeheizten Backofen backen.
- Salate mit Olivenöl, Balsamicoessig, Salz und Pfeffer marinieren und mit den gefüllten Zucchini auf Tellern anrichten und servieren.

**Zucchinihälften:** etwa 6 Minuten
**Reis:** etwa 18 Minuten
**Füllung:** etwa 5 Minuten
**Gefüllte Zucchini:** etwa 170 Grad
**Gefüllte Zucchini:** etwa 15 Minuten

## TIPPS

1. *Sie können auch Steinpilze und Champignons oder Peperoni zur Füllung zufügen.*
2. *Anstelle von Reis verwenden Sie gekochte Hirse oder Amarant.*
3. *Ersetzen Sie die Zucchini durch Melanzane oder Tomaten.*

# Strudel mit Zucchini und Peperoni

FÜR 4 PERSONEN

## Zutaten

| | |
|---|---|
| 300 g | Blätterteig |
| 100 g | gegrillte Zucchini |
| 200 g | gegrillte Peperoni (Paprikaschoten) |
| 1 EL | Basilikum, fein geschnitten |
| ½ TL | Oregano |
| | Salz |
| | Pfeffer aus der Mühle |

## Weiteres

| | |
|---|---|
| 1 | Ei zum Bestreichen |
| 200 ml | Tomatensauce |
| | Majoran zum Garnieren |
| | Olivenöl zum Garnieren |

etwa 180 Grad

etwa 30 Minuten

## Zubereitung

- Blätterteig auf einer bemehlten Arbeitsplatte oder einem Nudelbrett dünn zu einem Rechteck (etwa 25 x 30 cm) ausrollen.
- Mit Zucchini und Peperoni belegen, mit Basilikum, Oregano, Salz und Pfeffer würzen.
- Die Teigränder mit Ei bestreichen, übereinanderlegen und gut andrücken.
- Auf ein mit Backpapier ausgelegtes Backblech geben, die Oberfläche des Strudels mit Ei bestreichen, den Teig eventuell mit der Gabel einstechen und im vorgeheizten Backofen backen.
- Mit Tomatensauce, Majoran und etwas Olivenöl garnieren und servieren.

### VARIATION

**Strudel mit Kürbis und Melanzane:** Statt Zucchini verwenden Sie Kürbis und statt Peperoni verwenden Sie Melanzane.

### TIPPS

1. *Anstelle der Zucchini können Sie auch Melanzane verwenden.*
2. *Für die Füllung können Sie auch gedünstete Artischocken oder Spinat verwenden.*

# Kürbisschnitzel auf Blütensalat

FÜR 4 PERSONEN

### Kürbisschnitzel

8 Kürbisscheiben zu je 40 g
Salz
1 Ei
3 EL Mehl
100 g Cornflakes, grob zerbröselt

### Blütensalat

40 g Friséesalat, Ringelblumen, Schnittlauchblüten, Dill und Kerbel

### Nussdressing

2 EL Nussöl
1 EL Apfelessig
2 EL Apfelsaft
Salz
Pfeffer aus der Mühle

### Weiteres

Backfett

etwa 160 Grad
etwa 4 Minuten

### Kürbisschnitzel

- Kürbisscheiben beidseitig salzen.
- Ei mit einer Gabel verrühren, Kürbisscheiben in Mehl wenden, überschüssiges Mehl abschütteln und durch die Ei-Mischung ziehen. Mit grob zerbröselten Cornflakes panieren, etwas andrücken und überschüssige Flocken vorsichtig abschütteln.

### Blütensalat

- Friséesalat, Ringelblumen, Schnittlauchblüten, Dill und Kerbel zupfen und waschen.

### Nussdressing

- Nussöl, Apfelessig, Apfelsaft, Salz und Pfeffer vermischen und bereitstellen.

### Fertigstellung

- In einer Pfanne reichlich Backfett erhitzen und die Kürbisschnitzel darin auf beiden Seiten backen.
- Auf Küchenkrepp abtropfen lassen.
- Salate mit Nussdressing marinieren, zusammen mit den Kürbisschnitzeln auf Tellern anrichten und servieren.

VARIATION

**Zucchinischnitzel auf Blütensalat:** Statt Kürbis verwenden Sie Zucchini.

### TIPPS

1. *Servieren Sie dazu Preiselbeermarmelade.*
2. *Anstelle der Kürbisscheiben können Sie auch Fenchelscheiben verwenden.*
3. *Cornflakes können Sie auch durch gehackte Haselnüsse oder Kürbiskerne ersetzen.*
4. *Wenden Sie das Schnitzel nicht zu früh und lassen Sie es auch nicht zu lange in der Pfanne, sonst löst sich die Panade und der Kürbis wird trocken.*

# Gefüllte Zucchiniblüten

FÜR 4 PERSONEN

### Gefüllte Zucchiniblüten

| | |
|---|---|
| 2 | kleine Zucchini |
| 4 EL | Olivenöl |
| 50 g | Schalotten oder Zwiebeln |
| 1 | Knoblauchzehe, fein gehackt |
| | Salz |
| | Pfeffer aus der Mühle |
| 100 g | Ricotta |
| 1 EL | Basilikumblätter, fein geschnitten |
| 4 | Zucchiniblüten |

### Backteig

| | |
|---|---|
| 125 g | Mehl |
| 125 ml | Bier oder Milch |
| 2 | Eigelb |
| 1 EL | Öl |
| 2 | Eiweiß |
| 1 Prise | Salz |

### Weiteres

Backfett
Basilikum zum Garnieren
Olivenöl zum Garnieren

**Zucchini:** etwa 5 Minuten
**Zucchiniblüten:** etwa 160 Grad
**Zucchiniblüten:** etwa 4 Minuten

### Gefüllte Zucchiniblüten

- Zucchini putzen, waschen, entkernen und in kleine Würfel schneiden.
- Olivenöl erhitzen. Schalotten darin anschwitzen, Knoblauch und Zucchiniwürfel zugeben und mitdünsten lassen, mit Salz und Pfeffer würzen und auskühlen lassen.
- Die Hälfte der Zucchini mit Ricotta und Basilikum vermischen. Die andere Hälfte bis zum Anrichten bereitstellen.
- Füllung mit einem Spritzsack oder Teelöffel in die Zucchiniblüten füllen.

### Backteig

- Mehl in einer Schüssel mit Milch glatt rühren.
- Eigelb und Öl einrühren.
- Eiweiß mit Salz steif schlagen und unter den Backteig ziehen.

### Fertigstellung

- Die gefüllten Zucchiniblüten mit einer Gabel in den Backteig tauchen und in heißem Backfett schwimmend hellbraun backen.
- Auf Küchenkrepp abtropfen lassen.
- Mit den restlichen gedünsteten Zucchini auf Tellern anrichten, mit Basilikum und Olivenöl garnieren und servieren.

### TIPPS

1. *Sie können die Zucchiniblüten auch mit Weißbrotbröseln panieren und dann backen.*
2. *Die Füllung kann durch Melanzane und Peperoni ergänzt werden.*
3. *Servieren Sie zu den gefüllten Zucchiniblüten eine Tomatensauce.*

# Zucchinischeiben in Backteig

Für 4 Personen

**Zutaten**

600 g Zucchini

**Backteig**

120 g Mehl
120 ml Weißwein, Bier oder Milch
1 Eigelb
1 TL Olivenöl
1 Eiweiß
Salz

**Weiteres**

Backfett

**Zubereitung**

- Zucchini putzen, waschen und in Scheiben schneiden.
- Für den Backteig Mehl, Weißwein, Eigelb und Olivenöl zu einem glatten Teig verrühren. Eiweiß mit Salz steif schlagen und unterheben.
- Backfett erhitzen, Zucchinischeiben durch den Backteig ziehen und im Fett schwimmend ausbacken.

**Zucchinischeiben:** etwa 180 Grad
**Zucchinischeiben:** etwa 3 Minuten

# Zucchinistäbchen frittiert

**Zutaten**

600 g Zucchini
Salz
2 EL Mehl
2 Eier
200 g Weißbrotbrösel

**Weiteres**

Backfett

**Zubereitung**

- Zucchini putzen, waschen, in 4 cm lange Stäbchen schneiden und salzen.
- Mit Mehl, Eiern und Weißbrotbröseln panieren.
- Backfett erhitzen und Zucchinistäbchen im Fett schwimmend ausbacken.

**Zucchinistäbchen:** etwa 180 Grad
**Zucchinistäbchen:** etwa 3 Minuten

# Limettensauce

**Zutaten**

150 g Mayonnaise
1 EL Limettensaft
1 TL Limettenschale, fein gerieben
Salz
Pfeffer aus der Mühle

**Zubereitung**

- Mayonnaise, Limettensaft und Limettenschale verrühren, mit Salz und Pfeffer würzen und zu den Zucchinischeiben und -stäbchen servieren.

**TIPPS**

1. *Servieren Sie zu den gebackenen Zucchini feine Blattsalate.*
2. *Anstelle der Zucchini können Sie Camembert, Brie oder einen Ziegenweichkäse verwenden.*

Zucchinischeiben in Backteig

Zucchinistäbchen frittiert

Limettensauce

# Zucchini-Eieromelette mit Käse

FÜR 4 PERSONEN

## Zutaten

| | |
|---|---|
| 8 | Eier |
| 50 ml | Sahne |
| | Salz |
| 40 g | Butter |
| 250 g | Zucchini, in Würfel geschnitten |

## Weiteres

| | |
|---|---|
| 125 g | Mozzarella, in Würfel geschnitten |
| 1 TL | Basilikum, fein geschnitten |
| 1 EL | Olivenöl |

etwa 4 Minuten

## Zubereitung

- Eier in einer Schüssel mit Sahne und Salz gut verrühren.
- Butter in eine beschichtete Pfanne geben und erhitzen.
- Zucchini dazugeben und kurz anbraten.
- Mit der Eiermasse übergießen und langsam stocken lassen, dabei mit einem Kochlöffel eine ovale Omelette formen.

## Fertigstellung

- Zucchini-Eieromelette auf Teller geben, vorsichtig einschneiden, Mozzarellawürfel und Basilikum in den Spalt füllen, mit Olivenöl garnieren und servieren.

## TIPPS

1. *Andere Käsesorten wie Taleggio, Fontina oder Gorgonzola eignen sich ebenfalls für dieses Gericht.*
2. *Sie können die Omelette zusätzlich mit Oregano oder Majoran würzen.*
3. *Statt Zucchini können Sie fein geschnittene Boretschblätter verwenden.*
4. *Servieren Sie als Beilage Salzkartoffeln.*

# Zander auf Kürbispüree und Artischocken

### Kürbispüree

300 g Kürbis
2 EL Olivenöl
1 Thymianzweig
Salz
Pfeffer aus der Mühle

### Artischocken

4 Artischocken
80 ml Olivenöl
50 g Schalotten oder Zwiebeln, fein geschnitten
1 Knoblauchzehe, fein gehackt
Salz
Pfeffer aus der Mühle

### Zanderfilet

4 Zanderfilets zu je 120 g
Salz
Pfeffer aus der Mühle
Olivenöl zum Braten

### Weiteres

2 EL geröstete Brotwürfel
2 EL Weißweinsauce
Dill zum Garnieren
1 TL Kürbiskernöl

**Kürbispüree:** etwa 160 Grad
**Kürbispüree:** etwa 20 Minuten
**Artischocken:** etwa 7 Minuten
**Zanderfilet:** etwa 8 Minuten

### Kürbispüree (siehe vordere Umschlag-Innenseite bzw. Seite 13)

- Kürbis schälen, in kleine Würfel schneiden, mit Olivenöl, Thymian, Salz und Pfeffer würzen, auf eine Alufolie legen und gut verschließen.
- Im Backofen langsam garen lassen. Den Kürbis aus der Folie nehmen, fein mixen und bereitstellen.

### Artischocken

- Artischocken putzen, holzige Blätter entfernen und in Stücke schneiden.
- Olivenöl erhitzen, Artischocken dazugeben und kurz rösten, Schalotten und Knoblauch mitdünsten, mit Salz und Pfeffer würzen und fertig garen.

### Zanderfilet

- Zanderfilets entgräten, mit Salz und Pfeffer würzen.
- In Olivenöl kurz auf beiden Seiten braten.
- Haut von den Filets abziehen und Filets bei 60 Grad warm halten.

### Fertigstellung

- Kürbispüree in die Mitte des Tellers geben, die gebratenen Artischocken rundherum verteilen.
- Zanderfilet auf das Kürbispüree setzen, mit gerösteten Brotwürfeln belegen.
- Artischocken mit etwas aufgeschäumter Weißweinsauce übergießen, mit Dill und Kürbiskernöl garnieren und servieren.

### TIPPS

1. *Sie können anstelle von Zander auch Lachs, Scholle oder Wolfsbarsch verwenden.*
2. *Statt Artischocken nehmen Sie Zucchini, Peperoni oder Melanzane.*
3. *Sie können die Artischocken auch ohne Weißweinsauce servieren.*

# Seeteufelfilets mit Zucchini und Kürbis gebacken

Für 4 Personen

### Seeteufel

| | |
|---|---|
| 500 g | Seeteufelfilet |
| 1 TL | Zitronensaft |
| 2 | Petersilienstängel, grob geschnitten |
| | Pfeffer aus der Mühle |
| | Salz |
| 1 EL | Mehl |
| 2 | Eier, verquirlt |
| 100 g | Zucchini, in feine Streifen geschnitten |
| 100 g | Kürbis, in feine Streifen geschnitten |
| | Öl zum Backen |

### Spinat

| | |
|---|---|
| 200 g | junger Blattspinat |
| 2 EL | Butter zum Dünsten |
| | Salz |

### Weiteres

| | |
|---|---|
| 1 EL | Kapern |
| 100 ml | Weißweinsauce |
| | junge Spinatblätter zum Garnieren |

**Seeteufel:** etwa 5 Minuten

**Spinat:** etwa 2 Minuten

### Zubereitung

- Seeteufelfilets waschen und gut abtrocknen, eventuell die Haut entfernen und in gleich große Stücke schneiden.
- Mit Zitronensaft, Petersilienstängeln und Pfeffer etwa 10 Minuten marinieren.
- Seeteufelfilets von der Petersilie befreien, salzen, im Mehl wenden und durch die verrührten Eier ziehen, mit Zucchini- und Kürbisstreifen umwickeln.
- In heißem Öl beidseitig backen, eventuell im Backofen bei 120 Grad etwas nachziehen lassen.

### Spinat

- Spinat putzen, waschen und kurz in Butter dünsten, etwas salzen.

### Fertigstellung

- Spinat und Kapern auf Teller geben, den Seeteufel daraufsetzen und mit etwas aufgeschäumter Weißweinsauce und Spinatblättern garnieren und servieren.

### TIPPS

1. *Als Beilage reichen Sie Kartoffelsalat oder Blattsalat.*
2. *Sie können das Fischfilet auch mit Mehl, Ei und Weißbrotbröseln panieren und backen.*
3. *Auch andere Fische wie Heilbutt, Seezungen oder Rotbarben können auf diese Art zubereitet werden.*
4. *Anstelle der Weißweinsauce können Sie auch Mayonnaise oder Remouladensauce verwenden.*

# Hühnerbrust mit Kürbiskernkruste

FÜR 4 PERSONEN

## Hühnerbrust

4 Hühnerbrüstchen zu je 100 g
2 EL Öl zum Anbraten
Salz
Pfeffer aus der Mühle
2 EL Senf zum Bestreichen
80 g Kürbiskerne, grob gehackt

## Kürbis

250 g Kürbis, geschält und entkernt
2 EL Öl zum Braten
Salz

## Weiteres

Pfeffer aus der Mühle
4 EL Geflügel- oder Kalbs-sauce
1 EL Thymianzweige zum Garnieren

## Hühnerbrust

- Hühnerbrüstchen von den Sehnen befreien, die Flügelknochen freilegen und salzen.
- Im heißen Öl beidseitig anbraten.
- Hühnerbrüstchen mit Senf bestreichen und mit den grob gehackten Kürbiskernen bestreuen.
- Im heißen Backofen fertig garen. Herausnehmen und etwa 2 Minuten ruhen lassen.

## Kürbis

- Kürbis in dünne Scheiben schneiden und in heißem Öl beidseitig braten, salzen und pfeffern.

## Fertigstellung

- Kürbisscheiben auf Teller legen, Hühnerbrüstchen halbieren und darauflegen, mit Geflügelsauce und Thymian garnieren und servieren.

**Hühnerbrust:** etwa 160 Grad
**Hühnerbrust:** etwa 12 Minuten
**Kürbisscheiben:** etwa 4 Minuten

## TIPPS

1. *Sie können die Hühnerbrüstchen auch ohne Geflügelsauce servieren.*
2. *Servieren Sie Melanzane oder gefüllte Zucchini dazu.*
3. *Statt Senf können Sie auch fein geriebenen Meerrettich verwenden.*

# Kalbsstelze mit Kürbispüree

FÜR 4 PERSONEN

**Kalbsstelze**

| | |
|---|---|
| 1 | Kalbsstelze |
| ½ | Lorbeerblatt |
| 3 | Petersilienstängel |
| ½ TL | Pfefferkörner, zerdrückt |
| 1 | Zwiebeln, halbiert und gebräunt |
| | Salz |
| 1 | Karotte |
| 80 g | Lauch |
| 50 g | Stangensellerie |
| ½ | Tomate |

**Kürbispüree**

| | |
|---|---|
| 300 g | Kürbis |
| 2 EL | Olivenöl |
| 1 | Thymianzweig |
| | Salz |
| | Pfeffer aus der Mühle |

**Schnittlauchfond**

| | |
|---|---|
| 300 ml | Kochbrühe von der Kalbsstelze |
| 80 g | kalte Butter |
| 2 EL | Schnittlauch |
| | Salz bei Bedarf |

**Weiteres**

| | |
|---|---|
| | Salate (Friséesalat, Rucola) |
| | Salz |
| | Pfeffer aus der Mühle |
| 2 EL | Olivenöl |
| 1 EL | Zitronensaft |
| 1 EL | geröstete Kürbiskerne, fein gehackt |

**Kalbsstelze:** etwa 3 Stunden
**Kürbispüree:** etwa 160 Grad
**Kürbispüree:** etwa 20 Minuten

## Kalbsstelze

- In einem Kochtopf Wasser zum Kochen bringen, Kalbsstelze, Lorbeerblatt, Petersilienstängel, Pfefferkörner, Zwiebel und Salz dazugeben.
- Fleisch so lange leicht köcheln lassen, bis es weich ist.
- Karotte, Lauch, Stangensellerie und Tomate in große Würfel schneiden, 1 Stunde vor Garende dazugeben und mitkochen.

## Kürbispüree (siehe vordere Umschlag-Innenseite bzw. Seite 13)

- Kürbis schälen, in kleine Würfel schneiden, mit Olivenöl, Thymianzweig, Salz und Pfeffer würzen, auf Alufolie legen und gut verschließen.
- Im Backofen langsam garen. Den Kürbis aus der Folie nehmen und fein pürieren.

## Schnittlauchfond

- Kochbrühe von der Kalbsstelze auf die Hälfte reduzieren lassen, mit kalter Butter binden und mit Schnittlauch verfeinern, eventuell mit Salz nachwürzen.

## Fertigstellung

- Kalbsstelze in Scheiben schneiden und mit Schnittlauchfond auf Tellern anrichten.
- Salate mit Salz, Pfeffer, Olivenöl und Zitronensaft marinieren und auf die Kalbsstelzenscheiben geben.
- Kürbispüree zu kleinen Nocken formen, neben die Kalbsstelze setzen, mit Kürbiskernen bestreuen und servieren.

**TIPP**

*Als Beilage eignen sich Karotten, Zucchini, Mangold, gedünstetes Weißkraut, Reis und Salzkartoffeln.*

# Rindsfilet in Mandelkruste mit zweierlei Kürbis

FÜR 4 PERSONEN

### Mandelkruste

| | |
|---|---|
| 20 g | Weiß- oder Toastbrot, ohne Rinde und fein gerieben |
| 30 g | geschälte Mandeln, gerieben |
| 30 g | Parmesan, gerieben |
| 70 g | kalte Butter |
| | Salz |
| | Pfeffer aus der Mühle |

### Rindsfilet

| | |
|---|---|
| 4 | Rindsfiletsteaks (Mittelstück) zu je 120–140 g |
| | Salz |
| | Pfeffer aus der Mühle |
| 2 EL | Öl zum Braten |
| 1 EL | Senf |

### Weiteres

| | |
|---|---|
| 100 ml | Kalbsauce |
| 120 g | Kürbispüree (siehe Seite 68) |
| 200 g | gebratene Kürbiswürfel |
| 1 TL | Salzblüte (Fleur de Sel) |
| | schwarzer Pfeffer aus der Mühle |
| | gehackte Kürbiskerne zum Garnieren |
| | Kerbel zum Garnieren |

### Mandelkruste

- Weißbrotbrösel, Mandeln, Parmesan und kalte Butter verkneten und mit Salz und Pfeffer abschmecken. Die Masse zu einer Rolle formen und kalt stellen.

### Rindsfilet

- Die Rindsfilets salzen, pfeffern und im heißen Öl auf beiden Seiten rosa braten.
- Das Fleisch auskühlen lassen und mit Senf bestreichen. Die Mandelkruste in Scheiben schneiden und auf die vorgebratenen Rindsfilets geben.
- Rindsfilets im heißen Backofen unter dem Grill überbacken, herausnehmen und etwa 3 Minuten ruhen lassen.

### Fertigstellung

- Die Kalbssauce abschmecken und auf Teller geben. Rindsfilets, Kürbispüree und gebratene Kürbiswürfel darauf anrichten, dann mit Salzblüte, Pfeffer, gehackten Kürbiskernen und Kerbel garnieren und servieren.

etwa 4 Minuten
etwa 250 Grad (Grillfunktion)
etwa 4 Minuten

### TIPPS

1. *Fingerdruckprobe: Stark blutiges Fleisch ist elastisch, blutiges federt stark, rosa gebratenes federt leicht, ganz durchgebratenes Fleisch ist nicht elastisch.*
2. *Sie können die Kruste auch direkt auf das Rindsfilet geben, ohne vorher eine Rolle zu formen.*
3. *Als weitere Beilagen empfehlen wir Lauchzwiebeln, Karotten, Bohnen, Schalotten in Butter oder Reis.*

# Kürbisparfait mit Kakipüree

FÜR 4 PERSONEN

### Kürbispüree

300 g Kürbis
2 EL Vino Santo oder Süßwein

### Kürbisparfait

3 Eigelb
1 Ei
80 g Zucker
½ Vanilleschote oder 1 Pkg. Vanillezucker
100 g Kürbispüree
250 ml geschlagene Sahne

### Kakipüree

4 sehr reife Kaki
4 TL Zucker
1 Msp. Zimt
½ Zitrone, Saft

### Weiteres

80 g karamellisierte Kürbiskerne, grob zerhackt
80 g halbierte Weintrauben zum Garnieren
Schokoladenringe zum Garnieren

etwa 160 Grad
etwa 30 Minuten, je nach Größe der Kürbisstücke

### Kürbispüree

- Kürbis in große Stücke schneiden, samt der Schale in eine feuerfeste Form geben, mit Vino Santo marinieren und im Backofen garen.
- Kürbis aus der Schale schaben, durch ein feines Sieb streichen und bereitstellen.

### Kürbisparfait

- Eigelb und Ei mit Zucker in einer Rührschüssel im warmen Wasserbad schaumig schlagen (bis auf 82 Grad erhitzen).
- Vanilleschote der Länge nach halbieren, das Mark mit einem Messer herausschaben und zur Eiermasse geben.
- Kürbispüree zufügen und kalt rühren.
- Sahne unterheben.
- Die Masse in eine mit Klarsichtfolie ausgelegte runde Form geben, glatt streichen und etwas anklopfen, damit sich die Masse schön in der Form verteilt.
- Mit Folie abdecken und mindestens 3 Stunden im Tiefkühlfach gefrieren lassen.

### Kakipüree

- Kaki durch ein feines Sieb streichen, mit Zucker, Zimt und Zitronensaft verrühren.

### Fertigstellung

- Das Parfait aus der Form nehmen, in Kürbiskernen wälzen, in Scheiben schneiden und auf Tellern anrichten.
- Mit Kakipüree, halbierten Trauben und Schokoladenringen garnieren und servieren.

### TIPPS

1. *Servieren Sie zum Kürbisparfait eine Vanillesauce oder Weinschaum.*
2. *Zum Kürbisparfait passt sehr gut ein Zwetschgen- oder Marillenkompott (Aprikosenkompott).*
3. *Verwenden Sie statt Kürbispüree 2 Esslöffel Kürbiskernöl.*

# Zucchinikuchen mit Zimtsahne

FÜR 1 KUCHENFORM (28 cm Ø)

## Zutaten

| | |
|---|---|
| 3 | Eigelb |
| 140 g | Staubzucker |
| 170 ml | Olivenöl |
| 1 Msp. | Zitronenschale, gerieben |
| 1Msp. | Orangenschale, gerieben |
| 1 EL | Zitronensaft |
| 1 Pkg. | Vanillezucker |
| 100 g | Mandeln, gerieben |
| 300 g | Mehl |
| 1 Pkg. | Backpulver |
| 1 TL | Zimt |
| 1 Msp. | Nelkenpulver |
| 350 g | Zucchini |
| 3 | Eiweiß |
| 200 g | Zucker |

## Weiteres

| | |
|---|---|
| | Staubzucker |
| 80 g | geschlagene Sahne |
| 1 Msp. | Zimt zum Bestreuen |

etwa 170 Grad
etwa 50 Minuten

## Zubereitung

- Eigelb mit Staubzucker, Olivenöl, Zitronen- und Orangenschale, Zitronensaft sowie Vanillezucker schaumig rühren.
- Mandeln, Mehl, gesiebtes Backpulver, Zimt und Nelkenpulver vermischen und unter die Masse heben.
- Zucchini putzen, waschen und grob raspeln, eventuell auspressen und in die Masse rühren.
- Eiweiß mit Zucker steif schlagen und unterheben.
- Den Teig in eine mit Backpapier ausgelegte oder in eine ausgebutterte und bemehlte Kuchenform füllen und backen.
- Den Kuchen auskühlen lassen, mit Staubzucker bestreuen und mit geschlagener Sahne und Zimt servieren.

### VARIATION

**Kürbiskuchen mit Zimtsahne:** Verwenden Sie statt Zucchini geraspelten Kürbis.

### TIPPS

1. *Servieren Sie zum Zucchinikuchen Vanillesauce oder Weinschaum.*
2. *Zum Zucchinikuchen passt sehr gut Zwetschgen- oder Marillenkompott (Aprikosenkompott).*
3. *Statt Zucchini können Sie auch Karotten verwenden.*

# Kürbisbrot

FÜR ETWA 4 BRÖTCHEN

## Zutaten

| | |
|---|---|
| 200 ml | Wasser oder Milch |
| 25 g | Hefe |
| 500 g | feines Dinkelmehl |
| 1 | Ei |
| 140 g | Kürbispüree (siehe Seite 68) |
| 1 EL | Thymian, fein geschnitten |
| 2 g | Koriander, zerstoßen |
| 2 EL | Kürbiskernöl |
| 10 g | Salz |

etwa 180 Grad

etwa 20 Minuten

## Zubereitung

- Wasser erwärmen, zerbröckelte Hefe dazugeben und so lange verrühren, bis sie sich aufgelöst hat.
- Dinkelmehl, aufgelöste Hefe, Ei, Kürbispüree, Thymian, Koriander, Kürbiskernöl und Salz zu einem Teig verkneten und mit einem Tuch zugedeckt etwa 20 Minuten bei maximal 35 Grad gehen lassen.
- Den Teig in vier Stücke teilen und daraus kleine Brötchen formen. Mit einer Schere in der Mitte viermal einschneiden.
- Nochmals 20 Minuten bei maximal 35 Grad aufgehen lassen (es sollte das doppelte Volumen entstehen).
- Im vorgeheizten Backofen backen.

### VARIATION

**Zucchinibrot:** Sie können dem Teig 200 g Zucchinipüree und 2 EL Olivenöl beimischen und ihn in einer Kastenform backen.

### TIPPS

1. *Sie können die Brötchen vor dem Backen mit etwas Sesam bestreuen.*
2. *Man kann das Brot auch in einer Kastenform backen.*

# Eingelegte Zucchini

Für etwa 4 Gläser zu 250 g

## Zutaten

| | |
|---|---|
| 500 g | Zucchini |
| 120 g | weiße Zwiebeln |
| 20 g | milde Peperoncini (Chili) |
| 500 ml | Wasser |
| 2 | Knoblauchzehen, in Scheiben geschnitten |
| 10 g | Ingwer, in Scheiben geschnitten |
| 10 g | Salz |
| 2 | Lorbeerblätter |
| 100 ml | Weißwein |
| 100 ml | Weißweinessig |
| 3 EL | Zucker |
| 1 TL | Senfkörner |
| 1 TL | Pfefferkörner |
| 20 ml | Olivenöl |

etwa 15 Minuten

## Zubereitung

(siehe vordere Umschlag-Innenseite)

- Zucchini waschen, putzen, halbieren und in Scheiben schneiden.
- Zwiebeln schälen und in dünne Scheiben scheiden.
- Peperoncini putzen, Samen entfernen und in Stücke schneiden.
- Wasser, Knoblauch, Ingwer, Salz, Lorbeerblatt, Weißwein, Weißweinessig, Zucker, Senf- und Pfefferkörner aufkochen.
- Zucchini, Zwiebeln und Peperoni dazugeben und weiterkochen lassen.
- Gemüse mit dem noch heißen Sud in sterile Weckgläser füllen, etwas Olivenöl darübergeben und gut verschließen.

### Variation

**Eingelegter Kürbis:** Statt Zucchini verwenden Sie nicht zu klein geschnittene Kürbiswürfel.

### Tipps

1. *Sie können auch andere Gemüsesorten wie Sellerieknolle, Petersilienwurzel und Schalotten auf diese Art einlegen.*
2. *Servieren Sie die eingelegten Zucchini zu Aufschnitt, zum Aperitif oder als Beilage zu gekochtem Rindfleisch.*

## Die Autoren bedanken sich bei folgenden Partnern

Algunder Sennerei
www.sennereialgund.it

Biokiste Südtirol
www.biokistl.it

Spezialbier-Brauerei Forst
Birra-Bière-Beer-Bier
www.forst.it

Galloni ~1966~
Natürlich. Echt. Einzigartig.
Natura. Cura. Passione.
www.galloni-meran.it

Koch
www.kochbz.it

Küppersbusch
Für Küchen mit Stil
www.kueppersbusch.it

Mein Beck
Bäckerei • Panificio
www.meinbeck.com

Pircher
www.pircher.it

Rieper
www.rieper.com

Zorzi
Kältetechnik | Frigotecnica
www.zorzi.oskar.it

Gasteiger Wieser Bachmann
So kocht Südtirol Team

So kocht Südtirol
So kocht Südtirol Menüs
So kocht Südtirol Genussatlas
So kocht Italien
So backt Südtirol
Feine Küche für alle Tage
So genießt Südtirol-Serie

# Kleines Küchenlexikon

In der Auflistung finden Sie Zubereitungsmethoden und handwerkliche Begriffe, die Ihnen in den Rezepten begegnen und über die Sie vielleicht noch einmal genau informiert werden möchten.

| | |
|---|---|
| **Béchamelsauce** | einfache, cremige, weiße französische Sauce, bestehend aus Mehl und Butter, in die Milch eingerührt wird |
| **Brühe** | würzige, klare Flüssigkeit, die durch Kochen von Fleisch, Fisch, Geflügel oder Gemüse gewonnen und als Grundlage für Suppen, Saucen, Eintöpfe oder zum Schmoren und Braten verwendet wird |
| **Bruschetta** | gehört zu den italienischen Antipasti. Frisch geröstetes Brot, wie etwa Pane Pugliese (mit harter Kruste), wird noch warm mit einer halbierten Knoblauchzehe eingerieben und anschließend mit Olivenöl beträufelt, nach Belieben gepfeffert und gesalzen und sofort verzehrt. Häufig anzutreffen ist zum Beispiel ein Belag mit gehackten Tomaten und frischem Basilikum. |
| **Carbonara** | meist Spaghetti alla carbonara, ist ein einfaches Nudelgericht mit Rohschinken, Ei und Parmesan. Carbonara gehört zu den Klassikern der italienischen Küche. |
| **Graukäse (Graukas)** | Sauermilchkäse aus Magermilch; die meist kuhwarm zentrifugierte Milch wird vorwiegend als Rohmilch verarbeitet und mithilfe von Milchsäurebakterien gesäuert |
| **Kalbsstelze** | die hintere Kalbshaxe des Schlegels vom Kalb |
| **Kirschtomaten** | sind kleine Tomaten. Ihren Namen haben Sie, weil sie ungefähr die Größe von Kirschen haben. Sie schmecken recht intensiv und werden oft für Salate und zu Dekorationszwecken verwendet. |
| **Ricotta** | cremiger italienischer Frischkäse aus Schafs-, Büffel- oder Kuhmilch |
| **Risottoreis** | Arborio, Carnaroli oder Vialone Nano: Rundkornreis aus Norditalien, ideal für Risotto, da die Körner aufgrund ihres hohen Stärkegehalts Flüssigkeit absorbieren und gleichzeitig fest bleiben |
| **Salzblüte (Fleur de Sel)** | Es entsteht nur an heißen und windstillen Tagen als hauchdünne Schicht an der Meereswasseroberfläche und wird in Handarbeit mit einer Holzschaufel abgeschöpft. Das edelste und teuerste aller Meersalze gibt den Speisen einen ausbalancierten Geschmack und den letzten Schliff. |

## Ländertypische Bezeichnungen

Öfters kommt es innerhalb der deutschsprachigen Länder zu Missverständnissen und Verwechslungen aufgrund von unterschiedlichen Benennungen. Die nachstehende Übersicht soll für Klarheit sorgen.

| Südtirol/Italien | Deutschland |
|---|---|
| **Fusilli** | Spiralnudeln |
| **Paccheri** | dicke Hohlnudeln |
| **Pecorino** | Schafskäse |

| Südtirol/Italien | Deutschland |
|---|---|
| **Peperoni** | Paprikaschoten |
| **Rucola** | Rauke |
| **Vogelesalat** | Feldsalat/Rapunzel |

# Register

Stichwörter mit **roten** Seitenzahlen befinden sich im Rezeptteil. Stichwörter mit **schwarzen** Seitenzahlen befinden sich im Abschnitt »Wissenswertes«.